敘利亞史

以阿和平的關鍵國

周　煦　著

三民書局

國家圖書館出版品預行編目資料

敘利亞史：以阿和平的關鍵國 / 周煦著.－－初版三
刷.－－臺北市: 三民, 2018
　　面；　公分.－－(國別史叢書)

　ISBN 978－957－14－3752－1　　(平裝)
　1.敘利亞－歷史

735.41　　　　　　　　　　　　　　　　92013110

© 　敘利亞史
———以阿和平的關鍵國

著 作 人	周　煦
發 行 人	劉振強
著作財產權人	三民書局股份有限公司
發 行 所	三民書局股份有限公司
	地址　臺北市復興北路386號
	電話　(02)25006600
	郵撥帳號　0009998－5
門 市 部	(復北店)臺北市復興北路386號
	(重南店)臺北市重慶南路一段61號
出版日期	初版一刷　2003年8月
	初版三刷　2018年3月
編　　號	S 730130

行政院新聞局登記證局版臺業字第○二○○號

ISBN　978－957－14－3752－1　　(平裝)

http://www.sanmin.com.tw　三民網路書店
※本書如有缺頁、破損或裝訂錯誤，請寄回本公司更換。

自　序

　　敘利亞在地理上是歐、亞、非三洲往來的必經之地。此項地理特色在歷史上帶給敘利亞的壞處多於好處。好處是國際貿易發達，帶來經濟繁榮；壞處是強鄰不斷入侵，導致外族的征服。在漫長的數千年歷史中，敘利亞只在兩次短暫時期維持獨立國家地位：西元前 312 至 64 年的西留庫斯帝國及西元 661 至 750 年的烏瑪雅帝國。然而，兩個帝國的統治者皆是外來政權。直到 1943 年敘利亞脫離法國獨立後，敘利亞人才首次成為自己的主人。

　　歷史上的敘利亞領土涵蓋現今的黎巴嫩、約旦、巴勒斯坦、和部分土耳其的地區。1943 年獨立時，敘利亞領土縮小，是強權瓜分中東的結果。

　　歷史上的敘利亞對人類宗教和文明的發展皆有重大的貢獻。它是孕育猶太教與基督教的搖籃，也促成回教的興趣。早期的敘利亞也孕育出表達思想的字母，並將之傳播至歐洲和印度。

　　第二次大戰後，以色列的復國運動引發以、阿雙方的長期對抗。敘利亞是對抗以色列的前線國家之一。以色列已與埃及和約旦締結和約，但是迄今無法與敘利亞和黎巴嫩達成和約。敘利亞堅持收回喪失於以色列的領土，又能有效影響黎巴嫩的政策，因此，以色列如果不願滿足敘利亞的要求，與阿拉伯世界的和平難以實現。敘利亞是以、阿和平的關鍵國。

　　敘利亞的歷史複雜多樣。本書限於篇幅，只能刻劃其主要的輪廓。著者才疏學淺，缺漏錯誤之處，尚祈方家不吝指正。本書得以問世，

首先要感謝三民書局提供著者嘗試的機會。外交系研究生吳智賢協助收集資料，整理文稿，使本書得以順利撰成，著者特予致謝。

周　煦　謹誌

2003 年 7 月

敘利亞史
以阿和平的關鍵國

contents

Syria

第 I 篇
中古以前的敘利亞

第一章
敘利亞的歷史地位

　　歷史上的敘利亞在世界史上居於獨一無二的地位，尤其因為它包含了巴勒斯坦 (Palestine) 與腓尼基 (Phoenicia)，在人類道德與精神層面做出比其他地方更多的貢獻。它在地圖上雖然很小，但在歷史上的重要性普及全球。它是孕育猶太教與基督教的搖籃，也促成第三大宗教——回教——的興起與發展。每個西方人追溯其基本的價值與信念時，必然會涉及古代的敘利亞。

　　早期的敘利亞也孕育出表達思想的字母。字母源自這些自稱為迦南人 (Canaanites) 的腓尼基人，再由希臘人承襲，傳播到羅馬人及斯拉夫人，最後傳至所有的現代歐洲人。亞蘭人 (Aramaeans) 亦採用腓尼基人發明的字母，然後傳給阿拉伯人。阿拉伯人再傳給波斯人、印度人和亞洲及非洲的其他民族。敘利亞人發明並傳播字母之事，對人類文明的發展，居功厥偉。

　　敘利亞土地上所創造出的多彩多姿的歷史及文化事件，使得敘利亞簡直就是世界文明的縮小版。在希臘及羅馬時代，有一些主要的思想家來自這塊土地。羅馬法中最有名的學派之一源自貝魯特。該地的一些法學家的觀念被收錄於《查士丁尼法典》中，是給予後代羅馬最大的禮物。在回教向外延伸不久，敘利亞首都大馬士革變成占領西至

3

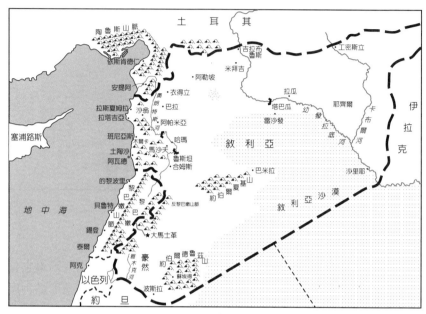

圖 1： 敘利亞

西班牙和法國、東至印度及中亞著名的烏瑪雅帝國 (Umayyad Empire)
的基座。接下來的回教鼎盛時期，阿拉伯世界擔任譯介希臘經典的角
色。希臘哲學與思想是古代留給中古時代最重要的資產。在這過程中，
基督教敘利亞人扮演領導的角色，他們的亞蘭語是希臘人學習阿拉伯
文的踏腳石。中世紀的敘利亞是東方的回教與西方的基督教發生接觸
時最富戲劇性之地。

　　十字軍自法國、德國與義大利，進入敘利亞海岸及巴勒斯坦高地，
以求從回教征服者手中恢復聖地，因此展開對亞、歐兩洲影響深遠的
十字軍運動。然而，十字軍只是發生在敘利亞的諸多軍事歷史的一部
分而已，因為它處在亞洲通往歐洲的大門，是國際上帝國爭戰之地，
亦是歐、亞兩洲的貿易大道。

　　最近考古學上的發現更顯示，敘利亞人在史前時代亦具有重要性，
他們可能是首先發現小麥及使用銅的人。再加上陶器的使用，使得他

們可能首先由游牧社會進入農業社會。因此，這個地區可能已經比其他地方早有整齊的部落與鄉鎮型態，而且可能也是孕育我們祖先的地方。

　　促使人類從游牧到定居的發明，就是農業。敘利亞的農業據信是在西元前 6000 年開始的，在耶利哥 (Jericho) 發現早期居民的遺跡，時間大約是西元前 5000 年。目前仍未發現更早的人類聚落遺跡，因此耶利哥也許是全球最早出現並持續至今的城市。敘利亞北部的素色陶器最早可追溯到西元前 5000 年。安提阿的彩陶可追溯到西元前 4500 年。

　　敘利亞的歷史地位雖然重要，但是一直到第一次世界大戰結束，歷史上的敘利亞主要是地理上的稱呼，範圍北起陶魯斯山脈，南迄西奈半島、東至地中海、西以沙漠為界。該區地形上自成一局，通常亦反映於文化上的統一，但是在種族和政治上則四分五裂。在其漫長的歷史歲月中，敘利亞只在兩次短暫時期維持獨立國家地位，即西元前 312 至 141 年以安提阿為首都的西留庫斯帝國 (Seleucide Empire) 及西元 661 至 750 年以大馬士革為首都的烏瑪雅帝國。然而，即使是在獨立國家時期，敘利亞的統治者不是希臘人，就是阿拉伯人，而非當地的敘利亞人。在其他時期，敘利亞或是奴隸帝國，或是分裂為若干國家，由敘利亞人或外國人所統治。直到 1943 年敘利亞脫離法國而獨立後，敘利亞人才首次成為統一的敘利亞的主人。

第二章
外族不斷入侵

第一節　閃族的起源

敘利亞是歐、亞、非三洲往來必經之地，亦是歷史上強鄰屢次入侵或征服的對象。此項地理特色以往帶給敘利亞無數次的災難，但也使之在人類歷史上扮演重大的角色。

每一次外族的入侵帶來新的文化，與敘利亞當地的文化融合。四方商旅經過敘利亞時亦引入新貨品、新語言、新觀念，使得敘利亞不僅成為各國人民會晤之地和各遷徙民族之交會處，亦是不同文化及觀念之交換所。由於敘利亞人本身源自不同民族之融合，因而更能吸收並傳播外來的文化。

閃族 (Semite) 一字是由諾亞的長子閃 (Shem) 而來，據說他是閃族人的祖先。在現代用法中，這個字完全是語言學上的名詞。一個閃族人是使用或曾使用閃語的人。閃語系包括阿卡語 (Akkadian)（即亞述一巴比倫語）、迦南語 (Canaanite)（即阿摩利語與腓尼基語）亞蘭語 (Aramaic)（即敘利亞語）、希伯來語 (Hebrew)、阿拉伯語 (Arabic) 與衣索比亞語 (Ethiopic)。上述各語系的基本單字皆非常類似。

第二節　阿摩利人進入敘利亞

❶蘇美人大約在
西元前 3500 年居
住於伊拉克及敘
利亞北部，有高度
的文明，但非閃族
人。他們可能是以
圖象表達意思的
發明者。蘇美人是
阿摩利人之師。

　　第一支定居在敘利亞已開墾土地上的主要閃族人
被蘇美人❶稱為阿摩利人 (Amorites)，即「西方人」之
意。阿摩利人大約是在西元前 2500 年從阿拉伯半島遷
來。經過四百年的時間，他們擊敗蘇美人，越過敘利亞
北部、貝卡 (Biqa)，來到美索不達米亞。從此結束游牧
民族的生活，在西元前 2000 年左右開始農耕生活。當
時的敘利亞，除了一些孤立地區還有胡里人 (Hurrians)
及其他非閃族人外，已經全部而且永久的「閃族化」。

　　在幼發拉底河與卡布河河口的阿摩利人首都馬里
(Mari)，已經發掘出珍貴的文物──二萬塊西元前 1700
年的楔形文字泥版，大部分是以阿卡語書寫而成，但因
是阿摩利人所寫，致反映阿摩利人的語氣。

　　阿摩利人的周圍是具有侵略野心的鄰國：北部的赫
堤、東方的巴比倫以及西南方的埃及。西元前 2450 年，
巴比倫國王薩爾貢一世 (Sargon I) 征服敘利亞，打敗阿
摩利人，但是征服的成果並未維持多久。西元前 2400 年
左右，埃及人控制了今日的巴勒斯坦和黎巴嫩地區，從
而開啟以後數千年中，埃及與伊拉克瓜分敘利亞的型
態。

　　西元前 1400 年，赫堤征服整個敘利亞的北部與中
部。同時，在巴勒斯坦的阿摩利人則面對了新的入侵者：
亞蘭人與以色列人。

第三節　迦南人的出現

西元前 1600 年左右，迦南人出現於敘利亞北部的地中海沿岸。他們與阿摩利人屬於同一批移民，迦南人和阿摩利人未與土著通婚前，是同一個族群。在文化上，迦南人受到埃及的影響較大，而受到美索不達米亞文化的影響較小。阿摩利人亦然。然而真正的區別乃是地理區隔，並且反映於經濟與政治制度上的顯著不同。迦南人使用閃語或近似阿拉伯語的語言。他們是精於礦冶的技工，先是銅和青銅之冶煉，其後是鐵甚至是鋼的煉製。他們可能是來自北方，是多種民族和多文化的混合族群，是典型的敘利亞─巴勒斯坦人。

這塊土地的名稱，胡里語 (Hurrian) 稱為「迦南」(Canaan)，希臘語稱為「腓尼基」，而居於該地的迦南人，希臘語稱為腓尼基人。迦南原本是指敘利亞沿海地區所產的紫色染料。這種染料是從一種軟體生物 (Mollusc) 中提取，過程複雜，因此相當稀少與珍貴。紫袍因而成為王權、教權或巨富的象徵，一直維持到拜占庭帝國滅亡為止。一種從昆蟲中提取的鮮紅色染料，與玻璃一樣成了腓尼基的重要商品。玻璃原產於埃及，但腓尼基人加以改良而商品化。雕工精美的象牙、華麗金銀裝飾的盤子、銅鐵製成的武器與工具、亞麻與羊毛製成的服裝、陶器、錫器等，全由技術熟練的腓尼基藝匠製作，由腓尼基商人流通到整個地中海地區。

雖然有著商業上的繁榮與文化上的同質性，但迦南在政治上從未統一。當地人口稀少，而且大量人口湧入固若金湯的城市居住。各個城市都是自給自足的自治城市。在這些城市，例如阿拉杜斯 (Aradus)、錫登 (Sidon) 與泰爾 (Tyre)，都有海、陸兩個市區。一個在大陸上，作為貿易與農牧之用；另一個在鄰近島嶼，作為防禦之用。其餘較小的城市則分布在黎巴嫩山腳下，例如的黎波里 (Tripoli)、巴特倫 (Batrun)、巴布魯斯 (Byblus)、貝魯特 (Beirut) 等；也有分布在南敘利亞的，如阿

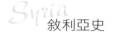

克 (Acre)、阿斯卡隆 (Ascalon)；位於海岸的加薩 (Gaza)；位於內陸的吉薩 (Gezer)、耶路撒冷、耶利哥及其他內陸城市。城市間偶爾會為了抵抗侵略而組成聯盟，但大多數時候都自行向大國進貢以換取和平與避免戰爭。靠近拉塔吉亞 (Latakia) 的烏喀立特 (Ugarit)，與奧朗特斯河 (Orontes River) 的喀德什 (Qadesh)，都曾在西元前 1400 年左右取得短暫的領導權。之後領導同盟的城市還有巴布魯斯、錫登與泰爾等，但時間都不長。像他們的親屬阿摩利人一樣，受到赫堤與埃及兩大帝國的包圍與勒索，受到亞蘭人與以色列人、希克索人 (Hyksos) 與胡里人 (Hurrians) 的攻擊，但都能勉強維持局面。一直到西元前第八世紀，這個地區才被亞述帝國所征服。

這個地區長期的繁榮，主要是靠航海與商業。腓尼基人利用黎巴嫩的西洋杉建造配有帆與槳手的船隻。他們最早的航海路線，是沿著海岸線到埃及與愛琴海。後來也學習利用星座導航而航向外海。他們建立了獨占的東西航線，從中獲取巨大利益。他們供應整個地中海地區各地不同的必需品。

無論腓尼基人到達任何地方，必定在當地建立貿易站，進而發展成拓居地 (settlement)，最後變成殖民地。尤其在西元前十二或前十三世紀，當腓尼基人從亞蘭人手中奪取了敘利亞中部、從以色列人及非利士人 (Philistines) 手中奪取了敘利亞南部之後，迦南地區也開始全力進行海外擴張。塞浦路斯、西里西亞、克里特和薩摩斯、科林斯與色雷斯、馬爾他與西西里島西部、薩丁尼亞與科西嘉，整個北非海岸、西班牙的東部與南部，全部落入腓尼基人手中。西班牙的卡迪茲 (Cadiz) 與突尼西亞的烏迪卡 (Utica) 等城市在西元前 1000 年建立。眾多城市之中最有名的迦太基城，在西元前 814 年建立。腓尼基因希臘的競爭與亞述的入侵而衰弱後，迦太基接收了腓尼基的商業與帝國版圖，稱霸西地中海，直到西元前 146 年方被羅馬消滅。

腓尼基人是古代世界在知識、文化和商業上的中間人。埃及與美索不達米亞的文化成就由敘利亞人帶給所有地中海居民，並影響了他

們的文化。其中希臘在航海與殖民方面的行為，更是悉數習自腓尼基人。

最明顯的學習就是字母。腓尼基人的字母是從埃及象形文字簡化而來，簡化的過程據信是在西奈開採綠松石而未受過教育的工匠們所為。腓尼基人把具有二十二個符號的拼音文字系統加以推廣。這一發明大約發生在西元前 1500 年，堪稱人類最偉大的發明。一幅使用這種字母的短篇迦南銘文在一百或二百年後出現。在烏喀立特的字母則是使用楔形文字。一些非字母的符號也在這個時候流傳於敘利亞。

腓尼基文字在西元前後消失，但它透過迦太基人，而化身為布匿語 (Punic)。直到回教徒占領北非之前，布匿語一直是該地區的通行語言。與此同時，希臘在西元前 750 年借用了腓尼基字母，加入了母音字母，而傳到羅馬人手中，進而傳到斯拉夫人與所有歐洲人。亞蘭人也改良了腓尼基字母，其後再傳給阿拉伯人、印度人與亞洲其他使用拼音字母的民族。

第四節　希克索人的征服

西元前 2300 年至前 1600 年之間，敘利亞中部與南部，包括大馬士革，都屬於埃及版圖，受到希克索人的支配。

希克索人是多種人種的混合體，包括了閃族的阿摩利人、迦南人，以及非閃族的胡里人和赫堤人。他們使用彎形鐵劍和馬拉戰車，在西元前第十八與第十七世紀支配了敘利亞，並在西元前 1730 年征服了埃及。希克索人自西元前 1580 年被阿摩斯一世 (Ahmose I) 逐出埃及後就退往敘利亞，在該地組織了一個由閃族王子組成的聯邦，但是西元前 1468 年，在米吉多（Megiddo，又名亞美吉頓 (Armageddon)）被埃及杜摩斯三世 (Thutmose III) 擊敗。杜摩斯三世乘勝追擊，把整個南敘利亞納入埃及版圖。

第五節　胡里人和赫堤人的入侵

圖2：赫堤人面獅身雕像

胡里人是希克索人的一支部族，他們在西元前 2400 年左右由北方滲透至敘利亞。其語言成分不明，既非閃語，亦非印歐語。西元前 1500 年，他們在敘利亞北部、幼發拉底河上游建立了一個名為米塔尼 (Mitanni) 的強大國家。但二百年後被安那托利亞高原的赫堤王國及美索不達米亞的亞述帝國所瓜分。

赫堤人亦非閃族人，是安那托利亞高原土著與西元前 2000 年的印歐 (Indo-European) 入侵者的混合族群，分布在高原東部，與亞美尼亞人 (Armenians) 及猶太人 (Jews) 混居，有時也被認為是閃族的一支。

赫堤人在西元前 1600 年摧毀了阿勒坡

圖3：阿勒坡　自古是兵家必爭之地。西元前 1600 年赫堤人攻陷阿勒坡後，敘利亞人難以抵抗。

(Aleppo)，隨後劫掠巴比倫城，之後退回安那托利亞高原。他們在西元前 1400 年大舉入侵敘利亞。當時舒比魯留瑪 (Shubbiluliuma) 征服境內的希克索人與胡里人，並取得他們的合作。他趕走了因國內宗教紛爭而衰弱的埃及人，在幼發拉底河邊的卡撒美什 (Carchemish) 建立強大的國家，使赫堤人由該地支配整個敘利亞北部。當赫堤在西元前 1200 年被從愛琴海而來的侵入者所推翻後，一些小國在敘利亞北部興起，但後來皆併入擴張中的亞述帝國 (The Assyrian Empire) 領土之中。

第六節　亞蘭人定居敘利亞

亞蘭人原本是阿拉伯游牧民族，在西元前 1500 年遷移到幼發拉底

圖 4：古代的敘利亞　西元前 2000－前 500 年閃族人與其鄰居的分布位置。

13

河中部流域，並向東進入美索不達米亞，同時向西進入敘利亞。西元前1450年，亞蘭人填補了權力真空，進入了敘利亞東北部的哈蘭及幼發拉底河上的卡撒美什。在西元前十四與前十三世紀，亞蘭人吸收了殘存的阿摩利人、胡里人與奧朗特斯河河谷的赫堤人，部族人數大增。黎巴嫩山區擋住了亞蘭人西拓之路，因此，赫堤人與阿摩利人繼續生活在當地，而海岸平原上的迦南拓殖區亦未受到波及。大馬士革在西元前1200年的主要居民是亞蘭人。他們逐漸的吸收了阿摩利人與迦南人的文化，但是保留自己原有的語言。在敘利亞北部也一樣，他們吸收了赫堤人與亞述人的文化，但也保留亞蘭人本身的文化。

西元前1200年，亞蘭人停止遷移，開始定居在今天的敘利亞。一些主要的亞蘭國家都在敘利亞的東北部建立，直到西元前九世紀才被亞述帝國一一殲滅。另一個規模比較小的亞蘭人王國建立在哈蘭地區。此外，還有一個在西南方的王國，其首都先是拉塔尼 (Latani)，後來改在大馬士革。該王國向北方與東方進行擴張，直達亞述帝國的邊界；往南則征服了以色列，但並未挑戰腓尼基人在海岸的勢力。它緊緊的控制了敘利亞內陸地區。其中一位大馬士革的統治者本哈達 (Ben-Hadad)，在西元前853年領導了一個由亞蘭人、以色列人和腓尼基人組成的聯盟，成功的抵抗了亞述的入侵。另一名大馬士革領袖哈澤 (Hazael)，則擊退亞述帝國撒曼尼撒三世在西元前842及前838年的兩次襲擊。哈澤並把外約旦的大片土地併入其版圖，並從以色列與猶大收取貢品，使亞蘭人的衰亡延緩了一個世紀。西元前732年，大馬士革被亞述的提克拉特皮勒斯三世 (Tiglathpileser III) 攻陷，從此結束了亞蘭人的霸業。

亞蘭商人隊伍在肥沃月彎地區 (The Fertile Crescent) 來往，壟斷了敘利亞與腓尼基人的陸上貿易，而腓尼基人則壟斷海上貿易。亞蘭商人使他們的語言廣為流傳。大約西元前500年，原來只是敘利亞商人社群使用的亞蘭語，與其文化和政府組織，已傳遍肥沃月彎地區，並成為這些地區的共同語言。亞蘭語比其姊妹語——希伯來語——更勝一籌，成為耶穌及其信徒的語言。亞蘭語滲透整個閃族地區。波斯名

王大流士 (Darius) 把這種語言當作各行省之間的官方語言。它通行無阻，直到亞歷山大大帝建立一個從衣索比亞到印度的強大帝國，並將希臘文推行至帝國各地而成為「通行語言」後，亞蘭語才被取代。亞蘭語在沒有強大帝國支援的情況下傳遍各地，是史無前例的壯舉。

　　亞蘭人首先採用腓尼基字母。因此腓尼基字母亦隨著亞蘭語傳遍亞洲。希伯來人也在西元前第六到前第四世紀使用了這種字母。希伯來《聖經》中的字母，就是從亞蘭字母發展而來。北部的阿拉伯人也接受了這種字母，並用來書寫《可蘭經》。

　　隨著時間的流逝，亞蘭語分成兩支，向西傳播的一支包括所使用的《聖經》亞蘭語、巴米拉語 (Palmyrene)、納巴特語 (Nabataean) 及其他方言；向東傳播的則包括曼德語 (Mandaic) 和敘利亞語。敘利亞語則漸漸演變成敘利亞、黎巴嫩、巴勒斯坦與美索不達米亞等地的語言，直到它被阿拉伯語取代為止。反黎巴嫩山區的三個村落現在仍然使用這種語言，此外馬龍派基督教及一些敘利亞基督教派也使用這種語言。

第七節　希伯來人的征服

　　希伯來人是在敘利亞定居的第四支主要的閃族居民之一。其餘三支為阿摩利人、迦南人與亞蘭人。在阿摩利人時代，敘利亞事務的重心是在北部的山區。到了迦南人時代，則變成沿海地區。到了亞蘭人時代，則是內陸地區。當希伯來人進入迦南，即敘利亞南部，這已經是第三次遷移了。第一次是在美索不達米亞地區開始，時間則與希克索人及胡里人同時，他們穿越了地中海東岸。第二次是與西元前十四世紀的亞蘭人一起。第三次則是最有名的一次，他們在摩西與約書亞的帶領下，在西元前 1250 年左右從埃及出發，穿越西奈與外約旦，進入巴勒斯坦。此時赫堤人勢力已衰，分為許多小部落。迦南當時居住著來自美索不達米亞的居民巴特利亞人 (Patriarchs)。阿摩利人則是暫時性的住在高地。一些小族群則控制了重要地區。希伯來人進來後，

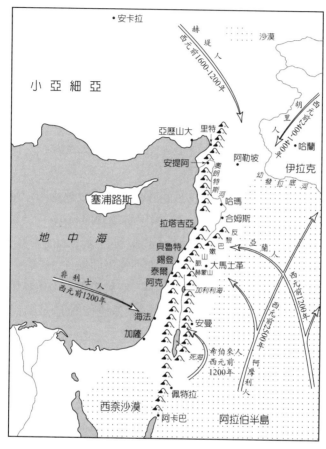

圖5: 敘利亞是海洋和沙漠間的交通要道

與閃族、胡里人及赫堤人等比鄰而居。

　　希伯來人放棄了他們原本的亞蘭語，改用迦南方言。簡而言之，早期希伯來人自此成為迦南文化及其基本特徵的一部分，並繼承了迦南的宗教傳統。

　　希伯來人定居在迦南的時間長達一百年左右。其間與非利士人的鬥爭不斷。非利士人是在西元前1200年左右從愛琴海來的印歐民族，占領了敘利亞南部海岸，並以民族本身的名字為所建立的國家命名——巴勒斯坦 (Palestine)。他們從海岸往內陸經營，劫掠了許多迦南城

鎮。歷代法老王多次派軍征討此地，進行懲罰性的戰爭，使得敘利亞一窮二白，無力抵抗內陸的游牧民族與海盜的入侵。

　　為了對抗非利士人，希伯來人建立了自己的王國，這是希伯來歷史的開始。第一位希伯來王是掃羅 (Saul)。他在西元前 1020 年受到當時的宗教領袖撒母耳 (Samuel) 的祝福。掃羅是個高瘦的人，性格陰沉。他一直對抗非利士人，但負傷敗退，最後自殺身亡。他的繼承人是大衛 (大約西元前 1004—前 963 年)，是這個王國的真正奠基人。他推翻了非利士人的宗主權，把王國的版圖擴展到極致，是巴勒斯坦地區有史以來最強大的國家。他定都於耶路撒冷，更建造了一個崇拜耶和華的聖所。

　　在大衛的兒子所羅門 (大約西元前 963—前 923 年) 的統治下，希伯來王國開始了龐大的開礦與商務活動，也開始建造大型建築物。所羅門時代建立了一座豪華的宮殿和用西洋杉所建的聖殿。強制勞務與揮霍無度使人民怨聲載道，導致他的王國分裂為以色列 (Israel) 及猶大兩個小王國。在北部的以色列國，以農耕為主，在宗教上偏向迦南本土宗教，拒絕為了耶路撒冷國王與聖殿的榮耀而繳付重稅。而以耶路撒冷為首都的猶大國則仍然崇拜耶和華，多以放牧為主。兩個國家形成敵對狀態，互相征討，以致兩敗俱傷而被環伺的強鄰所併吞。

　　希伯來人對敘利亞及全球文化的唯一、亦是很重大的貢獻，是宗教及倫理的觀念。其貢獻的重要之處，是該等觀念的創新性。《舊約》

圖 6：希伯來人國王所羅門於西元前十世紀時所建立的聖殿模型

(*The Old Testament*) 表達該等觀念的文字優美，致本身亦成為卓越文學遺產，歷久彌新。

第八節　亞述帝國的征服

　　自西元前 2500 年至前 850 年，一批又一批的外族入侵敘利亞，但是入侵者皆是為了尋找可以生活的新土地。他們打敗土著後，成為統治者，迫使土著使用其語言，但是逐漸因通婚而混居，並統合為一個新的民族。然而，西元前 860 年後情況大變。入侵者並非遷徙的人民，而是大國的軍隊；目的不是找尋新的家園，而是擴張其版圖。

　　此種新型的第一個入侵者是亞述帝國。亞述人是蘇美人和閃族人的混合族群，於西元前 859 年建都於尼尼微 (Nineveh，今日伊拉克摩蘇爾 (Mosul) 附近)。西元前 1094 年亞述人 (Assyrians) 征服整個敘利亞，但是因為國內的動亂而撤兵回國。西元前 853 年，亞述國王夏曼奈塞三世 (Shalmaneser III) 征服敘利亞，敘利亞成為亞述帝國的一部分。以色列納貢稱臣。但是西元前 721 年，亞述國王薩爾貢二世 (Sargon II) 將之滅亡。帝國經過二百三十年後，迅速衰落。西元前 612 年，建都於巴比倫的查爾丁人 (Chaldeans) 攻陷尼尼微，滅了亞述帝國。查爾

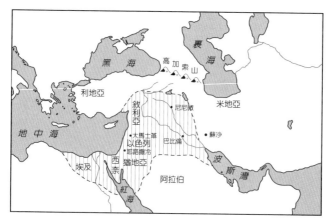

圖 7：亞述帝國（西元前 859– 前 612 年）

丁人又稱「新巴比倫」人 (Neo-Babylonians)。

第九節　查爾丁人的征服

作為亞述的繼承者，查爾丁人橫掃敘利亞，但腓尼基城市不為所動。這些城市承認埃及的宗主權，而不喜歡美索不達米亞。新巴比倫名王尼布甲尼撒 (Nebuchadnezzar) 征服了這些城市，把腓尼基人最後僅存的城市全部滅絕。迦南人則保留其自主性，直到西元前 333 年亞歷山大大帝才征服此地。

埃及乘亞述人與查爾丁人爭戰時，進攻巴勒斯坦，擊敗猶大軍隊，攻至幼發拉底河。新巴比倫國王尼布甲尼撒大敗埃軍，進而征服了南敘利亞。他於西元前 597 年占領耶路撒冷。由於猶大國王勾結埃及，對抗新巴比倫帝國，新巴比倫帝國於西元前 580 年重新征服耶路撒冷，將之夷為平地，並將希伯來人居禁在巴比倫。新巴比倫帝國取代亞述帝國，統治了埃及、敘利亞、以色列和猶大。

但是新巴比倫帝國亦未維持很久，而於西元前 538 年被波斯帝國所滅。亞述和新巴比倫的文化，經由軍事征服而傳播至敘利亞，再經

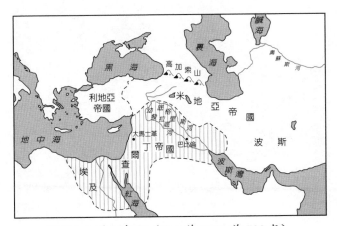

圖 8：查爾丁帝國（西元前 612– 前 538 年）

由腓尼基商人傳至埃及、希臘和歐洲。敘利亞人自巴比倫人學到犁和車輪的技術，一年十二個月的曆法，以及一週七天的名稱。

第十節　波斯人的征服

　　繼查爾丁人之後入侵敘利亞的是波斯人。波斯帝國興起於西元前535 年。西元前 538 年西流士 (Cyrus) 最終攻下巴比倫，占領了新巴比倫帝國的領土。波斯人消滅新巴比倫帝國，象徵閃族人的時代告終，和印歐族人的時代來臨。直至回教征服時代，閃族在新的代表——阿拉伯人——率領下，方重新開啟其時代。波斯帝國開啟了印歐族的時代，繼之而起的印歐族人是希臘人、羅馬人和拜占庭人。波斯帝國的領土包括埃及、小亞細亞、印度等地。帝國政府為了有效控制邊遠地區，修建較前更好的道路，採用統一的鑄幣，並以亞蘭語作為官方語言。敘利亞、巴勒斯坦和塞浦路斯成為帝國下的一個行省，以大馬士革為首府。

　　波斯帝國允許希伯來人重返巴勒斯坦。第一批返回巴勒斯坦的希伯來人，約在西元前 515 年重建所羅門王所建的聖殿。惟此時亞蘭語

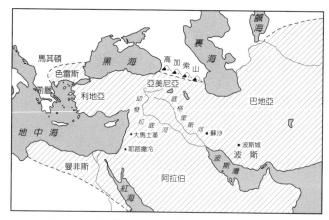

圖 9：波斯帝國（西元前 535– 前 330 年）

已取代希伯來語而成為希伯來人的普通話和官方語言，但是希伯來語仍為猶太聖殿所用之語言。

西元前 351 年，錫登首先起而反對波斯的統治。反抗行動擴及其他腓尼基城市。波斯大軍雖然鎮壓成功，但是波斯的勢力開始衰微。波斯人的統治，是敘利亞歷史上最黑暗的時期之一。除了宗教二元論之外，波斯在文化上對敘利亞並無影響。

第三章
希臘時期

第一節　亞歷山大征服敘利亞

　　亞歷山大的軍隊於西元前 333 年在敘利亞北部伊蘇 (Issus) 打敗了大流士三世 (Darius III) 數倍於己的波斯部隊。為了紀念這次勝利，亞歷山大在戰場附近建立了一座名為「亞歷山大里塔」(Alexandretta) 的城市❶。

　　大流士三世向東逃往波斯。波斯海軍駐守腓尼基各港口，足以切斷亞歷山大與希臘之間的補給線。亞歷山大欠缺足以在海上與之對抗的海軍，乃捨棄大流士而率軍南下。亞歷山大一方面分軍由奧朗特斯河河谷攻入大馬士革，他本人則沿著地中海海岸親征阿拉杜斯、巴布魯斯、錫登及其他港口，並攻占埃及。敘利亞的總督在面對來自馬其頓的軍隊時，完全沒有招架之力。

　　西元前 331 年亞歷山大由埃及返回錫登，率軍攻向波斯，大敗大流士三世於摩蘇爾附近的阿拜拉 (Abela)。次年，大流士三世被暗殺而亡，亞歷山大席捲波斯帝國，

❶這座城市現在名為「伊斯根德隆」(Iskenderun)，原屬敘利亞，如今在土耳其境內。

23

敘利亞史

直至印度河。他於西元前 323 年返回巴比倫，不久病死，享年三十二歲。

亞歷山大的征服所帶來的政治與文化，改變了敘利亞其後數百年的歷史。亞歷山大志在建立一個包括各民族而以希臘文化為中心的國家。因此，他在征服地建立了不下七十座希臘城市。亞歷山大十分用心的把希臘文明與東方的思維與體制以通婚、接納被征服地的風俗、以及在被征服的城市建立殖民地等方式加以結合，這些城市對亞歷山大而言具有三種用途：作為其分封將士之地、在交通線上形成一連串的軍事要塞、以及作為傳播希臘文化的中心。希臘語很快的就成為這個地區的通用語言，而亞蘭語則繼續作為商業交易與公共行政時的通用語言。但是他既不輕視其他民族，亦不對被征服的人民採取報復行為，反而鼓勵通婚，並且多方面努力推行半是希臘式、半是波斯式的風俗，以便雙方人民皆能接受之。

第二節　西留庫斯時代

西元前 320 年，擴張迅速的馬其頓帝國隨著開拓者亞歷山大大帝

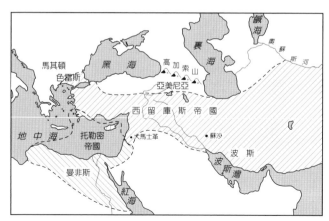

圖 10：西留庫斯帝國及托勒密帝國（西元前 300–前 64 年）

之去世而土崩瓦解。亞歷山大麾下的將軍紛紛擁兵自重，據地稱王，進而相互攻伐。帝國領土最後形成了四大將軍的對峙：即在埃及的托勒密 (Ptolemy)、巴比倫的西留庫斯 (Seleucus)、小亞細亞的安帝公努斯 (Antigonus)，以及馬其頓的安帝巴特 (Antipater)。包括巴勒斯坦在內的敘利亞，首次被劃入安帝公努斯治下。但在西元前 312 年，托勒密與西留庫斯聯軍在加薩擊敗了安帝公努斯。勝利者瓜分敘利亞，其中托勒密取得巴勒斯坦，西留庫斯取得敘利亞的北部與東部。西元前 312 年，他以安提阿為首都，建立西留庫斯王朝。西留庫斯以其父之名為其首都之名。安提阿其後繼續成為敘利亞的首府幾乎長達一千年，直至西元 636 年阿拉伯人的征服為止。

西元前 280 年，綽號尼卡多（Nicator，勝利者之意）的西留庫斯一世把領土擴張到奧蘇斯河 (Oxus River) 與印度河，成為自亞歷山大帝國分裂出來的國家中，一度是領土最廣與國勢最強的國家。當他計畫奪取馬其頓時，卻在該年遇刺身亡。

自有史以來，敘利亞即處於巴比倫、埃及、小亞細亞、和希臘各方之中心，但是敘利亞的山脈、沙漠和不穩定的雨量，使之欠缺與它們競爭的財力與人力。敘利亞一直是入侵者的犧牲品，從來沒有入侵他國。但是西留庫斯時代，敘利亞成為龐大帝國的總部。

西留庫斯一世最大的成就並不在於其征服的疆域之廣，而是他在所征服的城市中，繼續實施亞歷山大的希臘化政策。這些在敘利亞境內為數超過三十個的城市，其中以作為政治與文化首都的安提阿、位於奧朗特斯河而作為軍事與財政要地的阿帕米亞 (Apamea)，以及拉塔吉亞港等三個城市最為重要。所有城市都經過精挑細選，皆處於易守難

圖 11：西留庫斯一世半身銅像

攻的要衝之地。

　　新的希臘殖民城市在建城前都經過精密的規劃，街道依照十字形劃分，非常整齊。城市中有論壇、劇場、體育館、澡堂及其他設施。其體制皆模仿希臘的城邦，市民除了作為整體社區的一部分，也保留了很大的自覺空間。所有新城市都與古老閃族城市大不相同。閃族式的城市通常建立在要塞四周，並以此為核心而向四方擴散，缺乏規劃，並未提供人民表達意見的場所。

第三節　安提阿克斯的興衰

　　西留庫斯一世的帝國國祚並不長久。埃及的入侵、巴底亞人（《漢書》稱安息人）的暴動、安那托利亞地區的分離及其他內憂外患等，都削弱了帝國國力。西留庫斯二世在位期間（西元前 246—前 226 年），托勒密·猶蓋茲 (Ptolemy Euergetes) 征服整個敘利亞。至西元前 223 年，這個帝國已經喪失了大部分領土。該年安提阿克斯三世 (Antiochus III) 即位，馬上著手收復失土。他重新占領波斯，並遠征至巴特利亞 (Bactria) 和印度。在西元前 198 年他擊敗埃及軍隊，收復之前被埃及占領的南敘利亞。在這場戰爭中，安提阿克斯三世使用從印度帶來的大象進攻埃及軍隊，最後大獲全勝。在二十年南征北討的歲月中，他收復了前任國王所丟失的所有領土，因此獲得「大帝」(the Great) 的稱號。

　　他後來決定攻打希臘，因為羅馬正滲透該地。西元前 191 年，他在特摩派里 (Thermopylae) 被羅馬軍隊打敗。次年，他又在小亞細亞南部靠近馬格尼西亞 (Magnesia) 的地方再度敗於羅馬人。西元前 188 年，他被迫割讓了陶魯斯山脈以北的領土給羅馬人，並賠償大筆款項。他因而永遠失去了小亞細亞及其與希臘的陸路商業通路，以及與希臘文化的直接接觸。

圖 12: 哈瑪舊城 哈瑪是敘利亞重要城市之一。

第四節 猶太人乘機建國

在西元前 168 年，昔日猶大的人民在一原名猶大斯 (Judas)，而後來改名為馬克白 (Maccabaeus) 的領導下揭竿而起。他們起先是為了對抗壓迫大眾的上層階級，而不是對抗中央政府。猶大斯與其兄弟在山區組織了游擊隊，避免與正規軍發生正面衝突。當他們攻下耶路撒冷後，馬上整理聖殿並恢復每日的祭祀活動。這次起義雖然帶有宗教色彩，但很快的就演變為解放國土的全國運動。馬克白的隊伍不僅與敘利亞發生衝突，也與其他團體不合，包括不像他們這樣完全為希伯來傳統奉獻，而依附於希臘主義的改革政黨，以及民族主義基本教義派。但衝突的結果都是馬克白獲勝。西元前 141 年，馬克白的兄弟西門 (Simon) 當選為最高級祭司與統治者。猶太人的獨立獲得西留庫斯王朝的德米地留斯二世 (Demetrius II) 所承認。一個新的猶太國家誕生了，

直到八十年後被羅馬所征服。馬克白對加利利海地區操亞蘭語的阿拉伯異教徒（伊圖利亞人 Ituraeans），以及猶大南方的伊都瑪人 (Idumaeans) 皆強力推行猶太化。這些異教徒必須在被驅逐出境與改信猶太教之間做一選擇。大多數人選擇了後者。

猶太人不是唯一在西留庫斯王朝衰弱時趁火打劫的民族。巴底亞和巴特利亞 (Bactria) 也趁機獨立。阿拉伯王朝在愛德沙 (Edessa)、巴米拉 (Palmyra)、合姆斯及貝卡等地紛紛建立。這削弱了原本統治敘利亞北部的安提阿克斯四世及其家族的領地。他在西元前 164 年去世。在這一百年之間，各地土著此起彼落征戰不休，安提阿克斯家族也發生內鬨，進一步削弱帝國國勢。

第五節 納巴特人興起

在上述阿拉伯人之中，死海南方佩特拉 (Petra) 的納巴特人 (Nabataeans) 是其中一股可觀的勢力。他們在西元前六世紀時，是外約旦的一支游牧民族，之後到達伊頓 (Edom) 和默亞 (Moab) 等亞蘭人所建立的國家。到了西元前 400 年，當敘利亞受到波斯的統治時，納巴特人還是住在帳篷中，說著阿拉伯語，對農耕毫無興趣且厲行禁酒的游牧民族。在其後的幾百年中，他們放棄了傳統的生活方式，以農耕和貿易為生，發展成高度組織、文化先進而富裕的社會。

納巴特人在西元前三世紀仍沒沒無聞。在西元前二世紀早期，他們已成為中東政治的一股可觀的勢力。西元前 169 年，納巴特人的國王與哈利塔斯一世 (Harithath I) 聯手。後者在對抗敘利亞的西留庫斯家族時，也是馬克白的盟友。但後來他們反目成仇。西元前 96 年哈利塔斯二世馳援加薩，因為傑納尼斯 (Maccabean Alexander Jannaeus) 已包圍該城。幾年之後，納巴特國王奧比達一世 (Obidath I) 在加利利海東岸的一場關鍵戰役中擊敗傑納尼斯，並為攻占敘利亞西南部打開了大門。奧比達一世趁著鄰國西留庫斯與托勒密的衰弱，與其繼承人哈利

塔斯三世持續把阿拉伯人的疆界向北推移，直到遇到羅馬人為止。

　　哈利塔斯三世不斷打敗猶太人的軍隊，並包圍了耶路撒冷。為了回應來自大馬士革的邀請，他在西元前85年即位，成為大馬士革的統治者，並取得該地豐富的糧食。上述邀請是由大馬士革厭惡貝卡的伊圖利亞人統治者所提出，因為伊圖利亞人破壞巴布魯斯和貝魯特的農地，並想成為敘利亞的統治者。十二年後，哈利塔斯三世擊退了龐培 (Pompey) 的攻擊。

　　納巴特人說著阿拉伯語，寫著亞蘭文，信奉閃族的宗教，文學和建築則是希臘化。他們的文化是綜合、淺薄型的。在佩特拉由天然沙石雕出來的宮殿，則是典型的希臘式的建築。佩特拉城有一條美麗的街道，還有一些宗教與公共建築。由於受到希臘的影響，納巴特藝術家創造出一種新的陶器，這種陶器是南敘利亞地區最好的陶器。

第六節　希臘文化的影響

　　在敘利亞的希臘文明比希臘的政治勢力持續更長的時間，經過了西留庫斯王朝、羅馬帝國、拜占庭等勢力幾乎長達一千年的統治後，

圖13: 巴爾　敘利亞接受希臘文化後，將希臘人崇奉的宙斯神改名為巴爾。

仍能影響第七世紀時取代基督教時代的阿拉伯文明。敘利亞各地受到希臘文化影響的程度並不相同。敘利亞南部受到的影響較北部小。敘利亞北部人民將希臘眾神改名而成為敘利亞的眾神，例如希臘的宙斯變成巴爾 (Baal)；在安提阿南方的神壇供奉阿波羅所愛的狄芬尼，朝拜者自敘利亞全國蜂湧而來，使該地成為惡名昭彰的縱情狂歡的中心。敘利亞北部變成第二個馬其頓，這是因為該地徹底實施希臘化的結果。

第七節　敘利亞的繁榮

在西留庫斯時代，敘利亞的國內外貿易大增。在對外貿易方面，埃及成為敘利亞在歐、亞兩洲過境貿易上的競爭者。西留庫斯王朝與托勒密王朝之長期鬥爭，實際上兼有政治和經濟上的雙重動機。

敘利亞與西方之間經由海陸兩條路線的貿易，對敘利亞的繁榮有很大的關聯。貿易的項目包括敘利亞的農業和工業產品，以及東方過境的產品。貿易的一項重要部分是奴隸。奴隸的貿易比過去更為興盛。敘利亞的工業產品中，紡織品仍居第一位，其中羊毛織品及紫色染製品的需求很高。敘利亞的陶器及玻璃製品，早已成為其特產。礦冶的技術亦有很大的進展；納巴特產金、銀，陶魯斯山產銀、鐵。當時金、銀、銅、鐵等貨幣的使用逐漸取代以物易物的古老方法，對貿易的促進幫助很大，使西留庫斯時期的敘利亞較以前更為繁榮。雖然戰亂常常發生，人民生活水準卻不斷提高，人口亦逐漸增加。據估計，到羅馬時期的早期，居住在敘利亞的人數約在五百萬至六百萬之間。

第八節　羅馬人征服敘利亞

由於小亞細亞的戰亂不已，羅馬將軍蘇拉於西元前 88 年率軍征伐，經過四年的戰爭征服了該地。羅馬的軍力因而抵達敘利亞邊境。西元前 83 年，亞美尼亞國王提格拉尼 (Tigranes) 攻入敘利亞北

部，並於安提阿建立其總部。九年之後，西留庫斯國王向羅馬將軍魯克路斯 (Lucullus) 求援。魯克路斯將亞美尼亞軍隊逐出敘利亞後，扶立西留庫斯的王子為敘利亞的統治者，稱為安提阿克斯八世。

西元前 64 年春天，龐培率軍攻入敘利亞。其時西留庫斯八世統治敘利亞西部，阿拉伯人則在敘利亞東部沙漠邊緣建立若干小國，猶太人在巴勒斯坦建國，納巴特人以佩特拉為首都，統治包括大馬士革的領土。龐培將亞美尼亞納為羅馬的附庸國；將敘利亞劃為羅馬的行省，設置總督統治之。在南敘利亞，龐培占領耶路撒冷後，於西元前 63 年將猶太人統治的領土劃入敘利亞行省中。

第四章
羅馬時期

第一節　羅馬人的統治

　　西元前 64 年，龐培將敘利亞全境劃為羅馬帝國的一個行省，首府設在安提阿。原有的阿拉伯世襲統治者仍得以留存，但其權威受到限制。這些世襲統治者現在只能管理他們原有的領土，並每年向羅馬進貢。納巴特國王付出巨款以保有大馬士革。猶大變成敘利亞省治下的一個地方單位，但是猶太人所占領而採行希臘憲政體制的城市，則恢復其原有的面貌，並在行省總督治下享有自治地位。

　　羅馬人在敘利亞行省設置了一位隨時有權發動戰爭的「總督」，以進行直接的統治。這主要是因為羅馬人把敘利亞視為其在亞洲擴張勢力的重要基地。羅馬派駐敘利亞的首任總督伽比努斯 (Aulus Gabinius) 在上任後，馬上取消猶太君主享有的最高級祭司地位，進一步削弱其權力。他也對人民徵收重稅，並把猶大劃成五個行政區，每個行政區由一個猶太議會❶管理。伽比努斯

❶ 此猶太議會就是《新約聖經》裡的「公會」。公會的組成分子是猶太社會的領袖，包括了大祭司、一班祭司長、文士、法利賽人、撒都該人以及一些貴族。

也在敘利亞重建一些被馬克白所摧毀的希臘化敘利亞城市，包括了撒馬利亞、希陀波利斯與加薩。

巴底亞人對龐培的背棄盟約仍然懷怨恨，因而不斷攻擊羅馬的領地。西元前56年，羅馬三人執政團決定派遣克拉蘇至東方，接替龐培。他於西元前53年到達敘利亞。克拉蘇決定進兵底格里斯河的耶齊爾平原，但是羅馬軍隊渡過巴立克河 (River Balikh) 後遭到巴底亞軍隊的突襲，幾乎全被殲滅。克拉蘇被其阿拉伯盟友出賣，致在哈蘭南部的敘利亞沙漠中被殺，羅馬軍隊大敗而歸。北敘利亞乃被巴底亞占領。

羅馬人因內戰發生，無暇應付巴底亞人的侵略。直至西元前42年，屋大維與安東尼獲勝，內戰方暫告一段落。當時巴底亞人已占領耶路撒冷。安東尼奉派至東方征討巴底亞。西元前40—前36年，安東尼進一步統治敘利亞，但是並未能維持該地的安全。西元前36年春天，安東尼率軍攻打巴底亞，但是未能獲勝，反而傷亡慘重。他在羅馬的聲望又因與埃及女王克麗奧佩脫拉 (Cleopatra) 之結盟而大降，加劇與屋大維之間猜忌和鬥爭。安東尼任內，馬克白家族被希律 (Herod) 家族所取代。希律是猶太人，於西元前37年在耶路撒冷自立為王，在位三十三年。他成功的迫使猶大接受希臘文化，對反對其專制統治者格殺勿論。不過他努力開發經濟，修建港口，並重建耶路撒冷的聖殿。因此，其子繼位時，繼承了一個太平的國家。惟至西元6年，該國復歸羅馬直接統治。

後來由於羅馬爆發內戰，全國陷入不穩定的狀態，敘利亞馬上恢復原有的混亂與無政府狀態。內戰結束後崛起的羅馬將軍屋大維於西元前31年，在艾頓 (Actium) 的海戰中，擊敗了安東尼與克麗奧佩脫拉的艦隊。屋大維來到敘利亞後，受到急盼政局穩定的人民熱烈歡迎，並獲羅馬元老院封賜皇帝稱號，史稱「奧古斯都凱撒」。在他統治期間，敘利亞完全納入羅馬的行省體系中，但是敘利亞人社群的自治權力並未受到限制。這些社群可以保留原有的宗教、語言與風俗。由義大利人組成的羅馬衛戍部隊，則負起保護的責任。這些部隊的費用則由當

地人民負責。羅馬派來的總督負責管理所有省治事務。這些被指派的總督通常是沒有薪俸的，但他們會透過徵稅與其他方式來累積自己的財富。

　　奧古斯都其後的改革之一，是將總督定為有俸給的官職，才改變了總督任意斂財的弊端。奧古斯都採取外交手段應付巴底亞人，於西元前 20 年締結和約，雙方仍以底格里斯河為界。納巴特王國仍然保持其獨立地位及對大馬士革的控制。當奧古斯都登基之時，羅馬人的拉丁文明，與被統治地區的希臘文明關係和睦。希臘語仍是東部地區，尤其亞美尼亞地區的通用語，但是拉丁文卻成為官方與行政語文。希臘人在政治與組織方面的能力較弱，羅馬人在這方面可補其不足。但是羅馬人在藝術與哲學領域，則明顯不如希臘人。希臘文明在羅馬帝國的保護下更見壯大。這種情況也發生在敘利亞。敘利亞在羅馬人的保護之下，得以免受「野蠻人」的侵襲。敘利亞的希臘城市生活，包括政治組織、節慶、娛樂及知識思維，都得到保留。猶大、佩特拉、巴米拉及其他城市，此時都沾染了強烈的希臘文化色彩。

　　作為一個與羅馬勁敵巴底亞接壤的省分，敘利亞被視為羅馬皇帝的直轄省。羅馬皇帝是名義上的總督。實際統治工作則由一位任期三至五年的具有「執政官」官階的總督代理負責。敘利亞的行政地位，與羅馬帝國的高盧省是一樣的。東邊的敘利亞與西邊的高盧一樣，軍權都是由中央所掌握。這兩個地方的行政首長多由下屬輔助行政，這些下屬的最高官員是「太守」，負責國家的稅務，代理總督統率四個軍團。帝國早期的軍團主要是由義大利人組成。敘利亞總督主要負責保障羅馬帝國西亞領土的安全。

　　敘利亞地方上的統治組織形式多樣。希臘化的城市保持行政首長及其下的元老院與公民大會的組織。腓尼基的城市維持其寡頭制度，內陸的亞蘭社區仍如以往般掌控內政。沙漠地區中的部落仍是採行族長制度。在猶大，最高級的祭司是社區的領袖，由猶太貴族推舉擔任。羅馬統治者對敘利亞各地的組織採取因地制宜的彈性政策。

　　奧古斯都對其領土並無一套嚴謹的行政體系，反之，願意讓各地
實施自己的制度。當一些部落控制某些地區時，羅馬人並不試圖改變
這些部落的制度以便符合羅馬人的政治理論。地方當局獲准繼續按原
有的制度和風俗治理當地，唯一的限制是保護羅馬的基本利益。因此，
在羅馬時代，敘利亞東部閃族人的城市，如合姆斯和大馬士革，仍由
阿拉伯的王子們統治。敘利亞和猶大的人民對羅馬人的憎恨，主要原
因是羅馬的稅賦太重。

　　西元 66 年，猶大山區發生叛亂，耶路撒冷的守軍人數少，被叛軍
所殺。羅馬皇帝尼祿派軍鎮壓。西元 70 年，羅馬軍隊攻下耶路撒冷，
消滅了猶大，摧毀耶路撒冷猶太人的聖殿。猶大成為羅馬的一個行省。
西元 106 年，羅馬皇帝圖拉真 (Trajan) 大帝命令敘利亞總督取消納巴
特王國的獨立地位。羅馬軍隊經過一次戰役即攻占佩特拉及納巴特王
國。該地亦成為羅馬的一個行省。

　　敘利亞境內政治組織雖然不一，但是文化和種族上的相似性達到
前所未有的境界。所有的敘利亞人此時都已完全閃族化，他們互相混
合，同質性越來越高。腓尼基人與亞蘭人、阿拉伯人與猶太人、馬其
頓人與希臘人，都同時出現在敘利亞的每一個城市裡。這些民族在古

圖 14：聖岩圓頂寺與哭牆　西元
70 年羅馬軍隊攻破耶路撒冷，摧毀
希律王重建的猶太聖殿，僅存西
牆。猶太人其後在西牆祈禱，常泣
不成聲，故又稱為哭牆。回教徒征
服耶城後，便在聖殿被毀之地建立
聖岩圓頂寺。

代是互相攻伐的，但現在情況完全改觀。羅馬人在這些民族與文化融合的過程中，抱持著漠不關心的態度。羅馬人很少建立殖民地，只為退伍軍人在貝魯特與巴貝克建立了殖民地，兩地其後成為羅馬文化的傳播中心。然而總督一心只想把敘利亞當作對付巴底亞的基地，不斷開發敘利亞的各種資源。敘利亞人並未從羅馬人的軍事行動中獲得多大好處，除了確保自己的安全不受威脅之外。

　　敘利亞的文明與羅馬的文明在程度上不相上下，只是特色有別。此使羅馬人在敘利亞的行政表現上，明顯不如羅馬在一些半文明省分（如西班牙與高盧）的表現好。敘利亞的希臘殖民地、腓尼基城市與猶大城鎮，都有各自發展出來的社會、知識與經濟生活，也有各自的藝術、哲學與文學。這些領域都很少受到羅馬文明的影響。

第二節　羅馬人的貢獻

　　由於敘利亞是羅馬在西亞勢力的中心，羅馬行政當局沿著沙漠邊緣建立了一系列的哨站，以確保其安全，並為了行軍的方便，在敘利亞開築從西到東的橫向大道，這條大道把幼發拉底河與底格里斯河流

圖 15：巴米拉劇院是羅馬式的建築

圖 16：巴米拉大街兩旁殘存的
圓柱

圖 17：巴米拉的凱旋門遺跡

域的城市，與地中海的都市聯繫起來。巴米拉成為該大道的中心城市，
亦是由阿拉伯半島通往大馬士革道路的中途站。政治安全與交通的改
善，使得敘利亞成為歐、亞、非三洲商旅的中心。

　　西元三世紀時，巴米拉是敘利亞沙漠邊緣非常重要的商旅城市，
既強且富，所建羅馬式的凱旋門連接長達一英里的大街，而兩旁矗立

圖 18：羅馬帝國統治下
的敘利亞

的圓柱遺跡，仍可見當時巴米拉的興盛氣勢。

　　在羅馬帝國統治敘利亞的前一百年裡，敘利亞從因內戰與外患而引起的經濟蕭條中快速恢復。當時羅馬帝國的版圖從大西洋到北海，從幼發拉底河到萊茵河，從多瑙河到撒哈拉。帝國的武力保護，產生了秩序與和平。巴底亞與阿拉伯的入侵受到遏制。完善的網狀道路，出色的行政與工程技術，把帝國的每個角落都聯繫起來。奧古斯都大帝創立了郵政服務，加強了中央政府與各省總督的聯繫。這些都有刺激貿易的作用，經濟不斷成長。從西元 96 年到 180 年，羅馬統治下的敘利亞維持著空前的繁榮。

　　經濟繁榮反映在較高的生活水準與新城市的紛紛出現。敘利亞在西元第二世紀的人口增加到七百萬人。整個奧朗特斯河谷地，在羅馬工程技術的引水灌溉下，曾是一個密集的穀物種植區。甚至在今天已全是沙漠的外約旦地區，當時也曾充滿穀物、葡萄、棗椰樹和橄欖樹。哈蘭平原的肥沃度也是眾所周知的。羅馬統治下的這種繁榮，在後來烏瑪雅王朝統治時已不復見。

　　羅馬統治下的敘利亞城市，包括安提阿、錫登、泰爾、佩特拉、拉塔吉亞與阿帕米亞，由土生貴族統治的城市如合姆斯、大馬士革、愛德沙與巴米拉都十分繁榮。每個城市都是一個小型國家，其中以巴米拉最有名。

第三節　巴米拉的興衰

　　巴米拉是沙漠商旅的中途站。巴米拉的領袖們確保過往的商旅能免受沙漠酋長的騷擾而順利通過沙漠；其嚮導能引領商隊通過不毛之地；其軍隊也能在山區保護商旅不受貝多因人的掠襲。但是這個城市對通過的商旅收取重稅。地中海與波斯、印度及中國的大部分貿易，都由巴米拉人控制，其工業與農業都跟著商業的發展而興盛起來，使巴米拉成為中東最富裕的城市。

　　巴米拉有廣闊的街道，長達一英里的大街道上柱廊林立兩邊，是敘利亞最繁榮的希臘—羅馬式城市。但是它無法不受到羅馬帝國的制約。從西元紀元開始之時，巴米拉即承認了羅馬的宗主權，但保留了獨立地位。羅馬的圖拉真大帝在 106 年把該城併入版圖。巴米拉勢力下的城市如杜拉—歐羅巴 (Dura-Europos) 也成了羅馬的附庸。巴米拉及其附庸在羅馬帝國的統治下，享受著超過一百年的繁榮。羅馬的道路把巴米拉與大馬士革，及其他幼發拉底河地區的城市聯繫起來。遲至西元第三世紀，巴米拉在國際事務上仍扮演著重要角色。

　　其時波斯的薩珊尼 (Sassanid) 王朝興起，消滅了巴底亞，取代巴底

亞而成為羅馬的勁敵。薩珊尼人自稱是西流士的後裔。西元 251 年薩珊尼軍隊攻入敘利亞，並於 258 年占領安提阿。260 年薩珊尼軍隊大敗羅馬軍團，生擒羅馬皇帝瓦勒利 (Valerian)。巴米拉的烏岱那斯 (Udaynath) 派兵營救，打敗薩珊尼軍隊，但是未能救回皇帝。據說，烏岱那斯被其妻芝諾比亞 (Zenobia) 謀殺，芝諾比亞自立為女王，在六年之內將巴米拉發展成真正的帝國。其勢力擴及整個敘利亞、部分小亞細亞、阿拉伯北部及下埃及。271 年，女王宣布獨立。羅馬的反應迅速而有效。奧理略 (Aurelian) 皇帝先擊敗巴米拉在小亞細亞的駐軍，進而攻占敘利亞。親羅馬的安提阿只做了象徵的抵抗，合姆斯也因對巴米拉不滿而僅稍做抵抗，就向羅馬投降。當奧理略包圍了巴米拉時，女王的重騎兵已退入城內。女王企圖逃走不成之後，只得向羅馬投降。羅馬大肆掠奪巴米拉的財富，其中有些用來裝飾羅馬新建的太陽神殿。但巴米拉人民所受到的懲罰，只是接受羅馬總督及軍隊的統治。當奧理略班師回朝之後，巴米拉人將總督殺害，並擊潰羅馬駐軍。他馬上揮師屠城，芝諾比亞女王在 274 年被囚送到羅馬，作為奧理略凱旋進城時的戰利品。巴米拉城從此一蹶不振，對沙漠地區其他城市也不再有任何影響力。沙漠隨之席捲了這個城市。留到今天的只有柱廊和勝利雕刻，吸引著全世界的古物愛好者。

　　巴米拉文化奇特，它混合了敘利亞、希臘與波斯等文化因素。巴米拉及杜拉的壁畫在藝術史上很有名。它們有助於填補古代閃族的亞述─巴比倫藝術，與腓尼基和早期基督教藝術的斷層。從巴米拉的壁畫，可以見到希臘、羅馬繪畫的原始影響，並為後來的拜占庭藝術奠基。巴米拉的萬神殿裡的神祇，來自敘利亞、阿拉伯、巴比倫和波斯。主神是貝爾神 (Bel)，是源自巴比倫的宇宙之神，太陽與月亮之神陪列兩側。神殿中的花紋雕飾，集美術和建築的大成。

　　巴米拉對藝術有貢獻，貝魯特則在法理學上有重要的貢獻。貝魯特設立的一些學校，研習羅馬的民法，吸引許多有才華的教授和學生，從而成為遠近知名的法律學院。學院中最著名的人士，一是巴比寧

(Papinian)，其法學素養精湛，人格正直，成為法理學家的典範；另一名是烏爾盤 (Ulpian)，《查士丁尼法典》三分之二的內容是烏爾盤著作的選粹。

第四節　敘利亞的影響

羅馬帝國早期，有些敘利亞文學作品用希臘文寫成，但是其影響遠超過所有的希臘與拉丁文學作品。這些作品就是《福音書》(*The Gospels*) 與其他的早期基督教作品。耶穌門徒記述耶穌事蹟及教誨，因而產生了《福音書》，是文學史的一個小註腳，但是對其後的歷史、政治、社會與知識皆發生重大意義。

初期敘利亞基督教的特出貢獻，是留下全球性，而不僅是地區性或國家性的訊息；是精神上而非儀式上的訊息；是無私和另一世界而非現世的訊息；是讓窮人、疲倦者與無家可歸者產生希望的訊息，更是使有罪者懺悔贖罪的訊息。與其他宗教不同，它觸及人內心深處行為及信念的泉源。這種新的信仰在教理的堅定和早期教徒傳教熱忱的支持下，顯然能滿足靈性與社會的需要。它漸漸傳遍整個帝國，也發展了有效的機構和技術，吸引了猶太人和異教徒，最終受到官方的反對與迫害。

保羅與其他早期基督教的長老，例如伊格納修斯 (Ignatius)、馬泰 (Justin Martyr) 與俄利根 (Origen) 等人，都與敘利亞關係密切。他們努力使基督教希臘化，以便更適合希臘人與羅馬人，也因此產生了過多的教條與殉教者。它打敗了所有的競爭者，包括國定的帝王崇拜、古老的神秘宗教、擁有廣大信眾的波斯拜火教、諾斯底教派❷(Gnostic sect) 與本土神祇——哈達與阿塔卡堤斯。西元第四世紀，君士坦丁大帝承認基督教是羅馬帝國的國教。在這種情況下，在安提阿的教堂就成為保羅與其他早期門徒四出傳教的總部。70 年，耶路撒冷被羅馬將軍提圖斯 (Titus) 摧毀後，該教堂就變成一個基督教的首邑，對其他教

會享有有限的管轄權，主教們也常在此開會。安提阿也成立了一所神學院，它在羅馬帝國晚期與拜占庭帝國早期大放異彩。它強調了基督教的人文與歷史面向，減少了情感和神祕感的面向。

　　從使徒時代開始，希臘語和亞蘭語已經廣泛用於基督教禮拜。自從安提阿崛起，並在說希臘語的敘利亞地區取得領導權之際，愛德沙則開始成為說亞蘭語地區的領導者。這個城市是美索不達米亞最早的基督教城市，也是敘利亞文學的搖籃。大約在西元第二世紀晚期，該城就出現了以敘利亞文書寫的《聖經》。基督教滲入羅馬帝國，最終打敗了希臘羅馬神祇的崇拜及其他東方對手，只是宗教方面的敘利亞化漸漸涉及經濟、社會及政治等方面。

　　敘利亞人對羅馬的滲透，也影響了羅馬的王位繼承。當時王位落入色伏魯斯 (Septimius Severus) 之手，他是一位口操布匿語的非洲將軍，他的妻子是敘利亞合姆斯城俄拉卡巴 (Elagabal) 教士的女兒多姆娜 (Julia Domna)。據說多姆娜才貌雙全，無論知識、政治與文學造詣皆臻上乘。她與丈夫共理國事。在色伏魯斯死後，多姆娜試圖控制同時繼承王位的兩個兒子卡拉卡拉 (Caracalla) 與吉塔 (Geta)。212 年，在多姆娜的寢宮中，吉塔在母親懷中被卡拉卡拉殺害。多姆娜的手臂則在企圖保護兒子時受傷。卡拉卡拉的血腥統治，接連屠殺了二萬多人，包括法學家巴比寧。她對此無力阻止。但她仍然負責處理皇帝的書信及國家的公文。當卡拉卡拉在 217 年去世之時，多姆娜也自殺了，不是因為悲痛，而是因為無法面對退休後的私人生活。

　　然而敘利亞王朝並未結束，多姆娜的妹妹瑪薩

❷「諾斯底」是希臘文，意為知識。該教派相信二元論，認為身體是物質，所以是邪惡的，靈魂是真實的，所以是善的。上帝既是善的，便不會創造敗壞的宇宙，而人的無知無法理解與追求至高的上帝。因此，上帝派遣救贖者來傳達奧祕的知識時，唯有蒙揀選的人才能參透。

(Julia Maesa) 為她的孫子俄拉格巴魯斯 (Elagabalus, 218–222) 及亞歷山大 (Alexander Severus) 取得王位。俄拉格巴魯斯是合姆斯城崇拜黑石的巴爾 (Baal) 教士,這塊黑石陪伴他來到羅馬,這種崇拜在幾年之內也成為帝國的國教。亞歷山大繼位時只有十三歲,因此受到母親的控制。他是控制羅馬的敘利亞王朝最後及最好的皇帝。亞歷山大把黑石送回合姆斯,並在有生之年禁止崇拜黑石,一改朝廷奢華之風,減輕賦稅,提高貨幣的成色,並鼓勵藝術和科學。他從波斯人手中收復美索不達米亞之後,於 244 年在一場軍事叛變中被殺害。另一名名叫阿拉伯菲力普 (Philip The Arab) 的敘利亞人在同年登基,並在 248 年主持羅馬的千禧年國慶,但是 249 年死於軍事叛變。他所發行的錢幣描繪著敘利亞荷力歐波利斯 (Heliopolis) 的巨大寺廟。

敘利亞人在拉丁省分所進行的經濟滲透,是通過大量商業殖民地而進行的。尤其在西元第二及第三世紀,這種殖民地遍及整個地中海沿岸與內陸商道。尤其是狄洛斯島 (Delos) 和西西里島、那不勒斯和奧西地亞 (Ostia) 港口、里昂 (Lyon) 和阿爾里斯 (Arles) 等城市。敘利亞商船又一次占領了地中海。以往腓尼基人經商的精力和天才開始復活。

作為進口商人,敘利亞商人壟斷了拉丁省分的大量貿易;作為銀行家,敘利亞商人難逢敵手。他們所到之處,必定建立自己的神廟,並傳播基督教。他們在西方的影響主要是「苦行主義」、修院制度與更有感情的崇拜。向十字架禱告,並以十字架作為宗教象徵,也是經由敘利亞人傳入歐洲的。在羅馬,他們的殖民地強大得足以在教堂中配置數位教區牧師,其中兩人還有聖徒封號。

在整個第三世紀,敘利亞的宗教與經濟影響力滲透整個拉丁與希臘地區。但是在帝國內並非萬事順利。敘利亞文化的同質性受到地區性「愛國主義」興起的反抗而分裂。敘利亞的繁榮也因不成比例的重稅而受到影響。它的安全受到內戰與外國的連續入侵而不保。搖搖欲墜的知識和精神支柱,則受到新興基督教思想的挑戰。一個新的文化與國家,拜占庭,已迅速崛起並取代羅馬帝國。

第五章
拜占庭時期

第一節　基督教的敘利亞

　　羅馬皇帝奧理略重振羅馬帝國的聲威，平定巴米拉的叛亂。其繼任者戴克里先 (Diocletian) 率軍進駐安提阿，發動對波斯的征討。經過數度勝敗之後，羅馬終於戰勝波斯。雙方締結和約，敘利亞因而有四十年之久，未遭受波斯軍隊之侵犯。

　　西元 324 年君士坦丁 (Constantine) 繼任後，他做了三項影響敘利亞的重大決定。330 年 5 月 11 日，君士坦丁大帝宣布將古代拜占庭君士坦丁堡建為羅馬帝國的第二個首都。新都坐落於博斯普魯斯海峽的歐洲岸邊。之前他已在 312 年宣布基督教為羅馬帝國的國教，就像希臘人攻陷了羅馬人的思想一樣，敘利亞人攻占了羅馬人的靈魂。第三項決定是將帝國分為三部，由其三子分別治理。

　　羅馬帝國表面上仍維持統一，事實上分由不同的統治者治理。西元 397 年羅馬皇帝狄奧多西 (Theodosius) 去世。他在西元 395 年將帝國一分為二：東部由長子繼承，西方由次子繼承。帝國從此分裂。君士坦丁堡成為東羅馬的首都，領地包括巴爾幹半島、小亞細亞、敘利

亞、巴勒斯坦和埃及。

　　歐洲人常喜歡將羅馬帝國本質上視為是西方的強權，以義大利、法國、英國和西班牙為基礎。但是歷史上的實際情形並不能支持此種說法。在羅馬興起之前，世界的文明源自東方。東方幾千年的文明不會輕易喪失其優越地位。因此，當羅馬帝國分裂時，東羅馬或拜占庭帝國實際擁有大部分最富裕及最文明的領土。惟就軍事角度而言，拜占庭的處境並不佳。羅馬帝國過去即未能有效阻止波斯的侵略，如今東羅馬帝國必須獨自承擔抵抗波斯的責任。

　　拜占庭時代的敘利亞與羅馬時代的敘利亞有很大的差別。拜占庭敘利亞大體上是一基督教國土。事實上，這也是敘利亞成為完全基督教國家的唯一時期。處於羅馬異教徒與阿拉伯回教徒之間，拜占庭敘利亞時期是敘利亞歷史上很奇特的一段時期。在西元第四世紀結束時，敘利亞被分為七個行政區，它們的首府分別是安提阿、阿帕米亞、泰爾、合姆斯、西撒利亞、塞托波利斯與佩特拉。其中前兩個首府現在仍在敘利亞境內，第三與第四個則位於腓尼基，最後三個首府則在今天的巴勒斯坦，包括前阿拉伯省分。

　　此時期的敘利亞不僅是個基督教國家，而且也是教士的時代。它最大的機構是教堂，聖徒則是最受崇敬的英雄。從第四世紀到第六世紀，修士、修女、隱士、教士與主教的人數之多也是空前的。各式教堂與修道院林立，這些建築物的風格有著半圓形屋頂，鐘樓和突出的十字架。隱士修行的山洞被拓寬。禁慾主義修行者居住及死亡處皆豎立柱子。朝聖之旅大盛。許多人在聖徒墓前發誓和禱告，祈求健康和好運等等。修道院主義成了許多人喜愛的生活方式。它的理念是獨身、安貧與服從，這些理念廣為流行。人口的減少，繁榮的漸失及社會的動亂，是羅馬帝國晚期和拜占庭早期的特徵，使得人們對世俗機構普遍失去信心。基督教代表著超自然與超世俗，包括對精神價值的信仰，認為值得永生而犧牲今世。

　　在語言上，敘利亞的教堂沿著兩條路線發展：在海岸及希臘化城

市的教堂是使用希臘語，內陸則使用敘利亞語。使用敘
利亞語的教堂在西元第二世紀初期開始出現。第三世紀
時，隨著基督教的傳布，敘利亞語已可與希臘語分庭抗
禮。在拜占庭時代，從原本崇尚的希臘語，突然轉變成
亞蘭語，顯示敘利亞人另一次的覺醒。敘利亞人對古代
閃族語言再度感到興趣，是民族意識復興和反抗異教的
重要指標。

第二節　異端紛起

　　由君士坦丁堡與安提阿等城市所代表的違反基督
教的教義，造成了教會的分裂。從正統教義的觀點而言，
那些都是「異端邪說」。從語言學的觀點而言，這些異
端代表著民族的覺醒。在淪陷於希臘文化數世紀之後，
敘利亞精神終於重新振作起來。人民與拜占庭統治者的
疏離乃基於意識型態、政治與經濟原因。與羅馬帝國相
比，拜占庭的統治者更加獨裁，所抽取的稅也較重。他
們不顧當地人民的感受而解除人民的武裝，甚至在宗教
事務上也比羅馬統治者更不具有包容之心。

　　神學上的分歧主要涉及耶穌的本質及相關問題。提
出異端的一些主要領導人，都是在敘利亞土生土長並在
當地接受教育。聶斯托留 (Nestorius) 生於西里西亞，在
靠近安提阿的修道院長大。428 年，他獲選為君士坦丁
堡主教，但三年後這個職位卻被以弗所會議剝奪。他認
為耶穌在位格上是神格 (the Logos) 與人格在行動上的
完美結合，而並非個體的合一 (the unity of a single
individual)❶。聶斯托留與許多追隨者組成了聶斯托留
教派。該派後來與羅馬帝國斷絕關係，並將其學說傳播

❶換言之，聶斯托
留教派對耶穌位
格的理解就是「二
位二性」論，因此
被正統教會判為
異端，因為正統信
仰認為耶穌的神
人二性合於一體。

47

到波斯及東方的許多教堂。該派的追隨者與各地本土教義相結合，並發揚光大。後來他們也向中國及印度派遣傳教士，這個教派在中國稱為景教。

除了聶斯托留教派之外，修院教派也是東方教會的另一重要支派。嚴格說來，修院教派不接受兩個本質（即神性與人性）都存在於耶穌的位格之中。修院教派是由迦克敦會議 (Council of Chalcedon) 在 451 年創立。在第五及第六世紀，該派在北敘利亞大行其道，但在南部的影響力卻不如阿波利納教派 (Appolinarism)。修院教派在敘利亞的教堂是巴拉迪斯 (Jacob Barradaeus) 所建立。巴拉迪斯於 543 年被指定為愛德沙的主教，死於 578 年。敘利亞式的修院教派，後來被稱為雅各派 (Jacobites)。敘利亞西部的教堂因此發展到東部來。修院教派從敘利亞向北傳到亞美尼亞，往南傳到埃及。亞美尼亞人與埃及人至今仍信奉修院教派的神學理論。但是回教勢力崛起之後，在敘利亞和美索不達米亞的修院教派的追隨者人數便減少了。

古代敘利亞的另一個基督教支派是馬龍教派 (Maronite)，這支教派是以一位聖徒之名而命名。馬龍是居住在安提阿東邊的苦行僧，他於 410 年死於當地。為了紀念馬龍，他的門徒在奧朗特斯河河谷建立了教堂。在第六世紀早期，馬龍派與鄰近的雅各派發生衝突後，遷移到黎巴嫩北部較為安全的山區。他們後來發展成黎巴嫩境內最大且最具影響力的教派。

第三節　波斯人的侵略與破壞

在整個拜占庭帝國時期，侵略性十足的波斯薩珊王朝 (Sassanid Dynasty) 擺出一副要把拜占庭的敘利亞行省攻下的姿勢。它在 527 年至 532 年間的一次入侵行動，被查士丁尼大帝的大將貝里薩留斯 (Belisarius) 所粉碎。540 年，波斯人在查斯羅爾斯一世 (Chosroes I) 領導下再次崛起。他率領了三萬人突襲敘利亞，並從希拉波利斯

(Hierapolis) 奪走超過二千磅的白銀，作為避免屠城的贖金。查斯羅爾斯一世向阿勒坡城索取兩倍於此的白銀，由於阿勒坡無力付出贖款而被波斯人縱火焚城。

查斯羅爾斯一世隨後轉戰沒有重兵防守的安提阿。原本防守該城的查士丁尼大帝軍隊都調到歐洲，嘗試重建古老的羅馬帝國。從合姆斯臨時拼湊起來的六千人部隊，自然不是波斯侵略者的對手。安提阿城陷之後，教堂的金銀財寶和大理石都被掠奪一空。整個城市被完全摧毀，所有的居民被當成俘虜帶走。安提阿八百年來作為知識城市的歷史就此告一段落。它在最後歲月中，完全是一個基督教城市，與君士坦丁堡及亞歷山大城並列為最大的教區中心。經過波斯人的劫掠後，再加上 526 及 528 年的兩次大地震，該城從此一蹶不振。

查斯羅爾斯一世後來又由安提阿轉往另一個基督教中心城市阿帕米亞。城中的教堂宣稱擁有一部分耶穌所背十字架，並將之裝入寶石盒中，常年展出以供參拜。波斯人攻陷阿帕米亞後，將寶石盒及所有財物掠劫一空。但是十字架的聖蹟卻逃過一劫，因為它對侵略者毫無用處。當地人都認為是聖蹟解救了這座城市。

542 年雙方簽署停戰協定，並數次續約直到 562 年。562 年雙方簽署了一項為期五十年的條約。條約規定查士丁尼大帝每年須向波斯「大王」進貢，並禁止在波斯領域進行任何宗教宣傳。在第七世紀早期，查斯羅爾斯二世又發動了新的攻勢。他在 611 及 624 年間橫掃敘利亞，所到之處大肆劫掠並破壞。他在大馬士革大舉肆虐，並進行屠城。在耶路撒冷，搬走了財貨之後，留下了聖殿的廢墟。拜占庭皇帝赫拉克留士 (Heraclius) 經過六年的戰爭後，在 628 年收復敘利亞，並在次年收復耶路撒冷。他因而被封為基督教徒的解救者，以及帝國的中興者。

在這場曠日持久的戰爭中，希臘人與波斯人都使用同樣的策略，即資助沿著阿拉伯半島北部邊界的各阿拉伯王國，以作為盟友與緩衝區。為了抗拒波斯人在幼發拉底河地區所扶植的傀儡政權希拉的拉卡密 (Lakhmids of al-Hirah)，拜占庭在阿拉伯南部支持了喀薩尼人

(Ghassanids)。喀薩尼人是在西元第三世紀就定居在豪然高原 (Hawran Plateau) 的游牧民族，並在西元第四世紀信奉基督教。這個王朝一直延續到波斯在 611 與 614 年間占領敘利亞為止。當赫拉克留士在 628 年從波斯人手中收復了敘利亞時，也順便恢復了這個古老王朝。

自西元 64 年龐培征服敘利亞，至西元 636 年阿拉伯人征服敘利亞，羅馬人統治敘利亞長達七百年。在最初三、四十年的統治中，羅馬人在敘利亞造成混亂與不幸，但自奧古斯都時期起，敘利亞人大體上享有將近六百年的和平及繁榮。雖然在此長時期中，羅馬與外國經常發生戰爭，但是大部分戰爭皆未涉及敘利亞，直至波斯崛起後，敘利亞北部方遭到嚴重的破壞。

然而，羅馬人雖然長期統治敘利亞，敘利亞依然保持雙重特色。自安提阿到加薩的沿海地區，在宗教和種族方面，幾乎是希臘—羅馬文化的天下。但是在敘利亞其他地區，閃族的影響力依然居於優勢。在文化、語言和外表方面，城市是羅馬化或希臘化，但是一般中下層人民仍然使用亞蘭語，沙漠的游牧民族則使用阿拉伯語。

此種東、西文化的交流使得敘利亞產生了歷史上的三大宗教。

Syria

第 II 篇
回教世界中的敘利亞

第六章
回教徒的征服❶

第一節　回教徒征服敘利亞

古典時代末期發生了兩件大事：日耳曼人消滅了西羅馬帝國；阿拉伯回教徒征服了波斯帝國，並奪走拜占庭帝國最大行省——敘利亞。當時波斯帝國與拜占庭帝國是世界上僅有的兩個強權，而阿拉伯人只是一群分崩離析的沙漠居民，是香料貿易的中間人。

阿拉伯人的統一，是使他們完成上述征服行動的極重要因素。這次的統一是由來自麥加的先知、回教及阿拉伯國家的創始者穆罕默德在十年（622–632 年）內完成的。穆罕默德於西元 570 年生於麥加。當穆罕默德出生時，居於阿拉伯半島者主要是游牧部落。但是當時世界上最頻繁的東西貿易之路，是經由紅海或波斯灣，再循陸路而行，陸路或經由葉門或沿著阿拉伯大沙漠之邊緣。因此，阿拉伯半島中部的部落雖然仍處於原始社會，但是有一些地區，經由數百年來貿易往來，吸收了希臘、

❶ "Muslim" 一詞有譯為回教徒，亦有譯為穆斯林。兩者可互用。但一般多用「回教徒」之譯名。

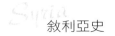

羅馬和波斯的文化。尤有進者，阿拉伯文化在耶穌出生前，已存在了幾百年。如前文所述，在阿拉伯半島北部的納巴特人建立的商業王國包括大馬士革，其後亦包括敢於向羅馬帝國挑戰的巴米拉。

較先進的宗教亦在穆罕默德出生前傳入阿拉伯半島，不只大批猶太人居於麥地那。基督教亦滲透至葉門。因此，大多數阿拉伯人雖然仍崇拜偶像，不過更重視精神方面的宗教已開始成長。麥加是商隊前往埃及和敘利亞的中途站。麥加的居民多數是商人，為了生意，定期前往加薩和大馬士革。穆罕默德即是麥加的典型商人。

他在世時，除了幾次進攻死海西面與南面的邊境城市外，他在敘利亞鮮為人知。直到拜占庭帝國向回教徒征服者投降，穆罕默德之名才廣為人知。

西元 629 年穆罕默德開始向拜占庭帝國的領土進攻。次年，若干邊境地區降服於回教徒軍隊。被征服的邊境城市每年向回教徒進貢，以換取生命與財產的安全，並確保信仰自由。此種條件是穆罕默德所訂。一般認為回教徒征服者會強制被征服地區的居民改信回教，否則即予以殺害。但事實上，回教徒征服者更願意向這些居民收取貢品。然而只要這些人改信了回教，這種進貢就可以停止。

穆罕默德死於 633 年。各持己見的阿拉伯部落又被穆罕默德的繼承者，第一代哈里發 (Caliph) 巴克 (Abu Bakr) 所征服，阿拉伯半島北方歸於統一。然而內戰戰火並未完全平息，加上各部落的尚武精神並未因信奉回教而減弱，反而更見強盛，因此必須找尋一個發洩的管道：對外征服。

由此看來，回教的擴張其實是把剩餘的閃族人口從貧瘠的阿拉伯半島，向肥沃月彎地區移出的一個過程。但是這種過程有一個重要的特徵：宗教因素。除了宗教信仰之外，肥沃月彎地區的舒適生活也是刺激貝多因戰士奮勇作戰的一個重要原因。

上述因素把征服的力量導向敘利亞。居住在邊境的阿拉伯人，因為不滿拜占庭皇帝違背承諾而拒絕撥付年金，願意與同為阿拉伯人的

入侵者合作。當時拜占庭忽視敘利亞南部邊境的要塞防衛，駐軍都被調派到北部以應付波斯帝國的威脅。當時的回教徒征服者只是想進行一次例行的劫掠而已，並沒想到作長期的占領。然而後來的發展並不如原先的預期。

633 年，一支部隊從沿海路線入侵敘利亞，另有兩支部隊則循著商路從內陸北上，還有一支部隊在瓦立 (Khalid Ibn-al-Walid) 的領導下攻入美索不達米亞。每支部隊一開始時都只有三千多人，但越往北開拔時，加入的援軍就越多，甚至多達其原有軍隊數目的兩倍。經過兩場戰鬥，巴勒斯坦南部地區的拜占庭軍隊被清除乾淨，回教徒征服者取得豐富的戰利品。拜占庭帝國的赫拉克留士皇帝從合姆斯集結了一支未經訓練的軍隊，並交由其弟提奧多魯斯 (Theodorus) 指揮。這時巴克下令瓦立率軍與敘利亞境內的回教徒會合。瓦立史無前例的以十八天的時間越過沙漠，直撲臨時拼湊的拜占庭大軍的後方。他擊潰了拜占庭的軍隊，通過約旦進入巴勒斯坦，並重新集結四支回教軍隊，在 634 年 7 月取得一場重大勝利。

巴勒斯坦地區從此門戶大開。回教徒征服者進行了長達六個月的劫掠。另一支拜占庭軍隊則躲在大馬士革的高牆之後。瓦立乘勝追擊，包圍了六個月之後，利用內奸而於 635 年 9 月攻陷了大馬士革。這座大城的陷落，也確保了回教徒征服者的勝利。巴貝克、合姆斯於同年陷落；阿勒坡、安提阿、哈瑪及其他城市則在 636 年易主。只有耶路撒冷、西撒利亞 (Caesarea) 及一些港口因為期望得到皇帝的援助而堅守。赫拉克留士並不想讓這些人失望。他從安提阿與阿勒坡附近率領了一支五萬人的軍隊，大多數是亞美尼亞人及阿拉伯僱傭兵，再一次交由提奧多魯斯指揮。回教徒征服者深知彼此在軍隊數量上的懸殊，於是馬上棄守合姆斯及大馬士革等幾座大城，把一支二萬五千人的軍隊集中在提比里亞湖 (Tiberias) 東面的雅木克 (Yarmuk) 河邊，雙方僵持不下。636 年 8 月 20 日，一場沙暴使得拜占庭軍隊陣腳大亂，回教徒軍隊趁勢掩殺，提奧多魯斯成了唯一的生還者。於是敘利亞的命運

已定，即使赫拉克留士不願承認。

　　大馬士革及其他被征服的城市，熱烈歡迎征服者。除了北部山地之外，敘利亞全境落入回教徒征服者手中。沿海的阿克、泰爾、錫登和貝魯特、巴布魯斯及北非的的黎波里紛紛陷落。耶路撒冷直到 638 年才被征服，西撒利亞則於 640 年在水陸夾攻下被攻破。在七年之內，回教徒軍隊征服了整個敘利亞。

　　敘利亞成了回教徒向四方擴張的基地。639 年至 646 年間，美索不達米亞失守，征服波斯帝國指日可待。640 至 646 年間，回教徒征服了埃及，打開了通往北非與西班牙的大門。從敘利亞北部，出擊安那托利亞高原也是輕而易舉。所以這些征服，都是回教徒在征服了敘利亞之後，物資與信心大增的結果。

　　從歷史的角度而言，中東史上最重要的兩件大事，分別是亞歷山大與回教徒的征服。從西方來的亞歷山大征服了敘利亞一千餘年之後，回教徒征服者反其道而行，威脅著拜占庭與羅馬之間的通路。在回教徒征服了中東與北非後，地中海幾乎成了回教徒的內海。隨著回教徒的南征北討，古典晚期也結束了，而進入中古時期。

　　阿拉伯人征服了廣大的地區，但是阿拉伯人的人數很少。例如在西元 700 年，阿拉伯回教徒在大馬士革一省只有四萬五千人，敘利亞和巴勒斯坦的人民共約五百多萬人。

　　阿拉伯人雖然因為征服了敘利亞而狂喜，但是他們在行政管理方面並不在行。回教徒從麥地那所帶來的法律並不適用於敘利亞，而且被征服地的居民也還不是回教徒。

　　烏瑪 (Umar) 在 634 年繼巴克之後成為哈里發。他開始在敘利亞實施新的律法。其詳情至今仍不確定，但主要原則有二。首先，他要求阿拉伯回教徒在新征服地必須維持一種宗教與軍事合一的貴族統治，保持其血統的純淨，避免持有任何財產。被征服地的原居民則被視作二等公民，需要繳納貢品和稅賦，但不必服兵役。只有回教徒能持劍保護回教土地。

　　烏瑪的第二個統治原則，是規定動產和囚犯，都是屬於征服者的戰利品，而土地則屬於回教徒社區。從事耕種的原居民，即使信奉了回教，仍要繳納田賦。這些規定都是沿襲以前拜占庭帝國對敘利亞的統治方式。

　　烏瑪在 639 年為了行政目的，把敘利亞分成四個軍區：大馬士革、合姆斯、約旦和巴勒斯坦。與拜占庭帝國統治時期一樣，一支軍隊駐守在臨時首都大馬士革的南方，其他各軍區也有駐軍。這些駐軍很快就變成被征服地的新居民。他們與當地女子結婚，安家落戶，並且在當地享有許多特權，這是後到的阿拉伯移民所未能享有的。駐軍的領袖是總司令和總督，他們掌控行政、司法及軍事大權。拜占庭原有的統治機制都被保留下來，甚至來不及逃走的中低層官吏也照職錄用。很明顯的，阿拉伯人並不能取代這些官吏。此外，他們的最高目的只是控制新征服地並從原居民處收取稅賦。

第二節　穆微亞統治敘利亞

　　639 年回教徒軍隊中發生了大規模的瘟疫，包括總督及其繼承者雅茲 (Yazid) 在內，共造成二萬人死亡。烏瑪在 640 年指定雅茲的兄弟穆微亞 (Muawiyah) 為敘利亞總督。穆微亞統治敘利亞長達二十年，另外二十年則以烏瑪雅王朝哈里發的身分，支配整個回教世界。他對阿拉伯部落及基督教徒實施開明和容忍的政策。

　　穆罕默德的三位繼承者或哈里發皆以麥地那為首都。然而，阿拉伯人征服了埃及、北非和波斯後，已建立了龐大的帝國，遠在阿拉伯半島的沙漠小城麥地那不再適宜作為首都。因此，穆微亞繼任哈里發後，將首都遷往大馬士革。

　　穆罕默德死後的三十多年中，阿拉伯帝國依然是神權政治，宗教是唯一的優先事項。穆微亞將回教神權帝國轉變為阿拉伯世俗化帝國。帝國的版圖不久即東自現今的阿富汗和烏茲別克，西迄摩洛哥。敘利

亞成為此一史上最龐大帝國的中心。

穆微亞劃分行省，將各省的組織置於安定的基礎，整頓回教徒的武裝力量，廢除了阿拉伯部落社會中過時的教長制。此等措施沒有受到麥地那的干涉。644 年繼烏瑪之後擔任哈里發的烏斯曼並不反對該措施。烏斯曼是穆微亞的親戚，兩人都是烏瑪雅王朝的貴族。

穆微亞常認為勢必與拜占庭一戰。為了防禦沿海省分，穆微亞認知必須要有一支有紀律且忠心的軍隊。他利用從前在敘利亞阿克的拜占庭船塢，建立一支回教海軍。當時阿克船塢設備之齊全，僅次於埃及的亞歷山大港。這支新的回教艦隊，船員都是希臘裔敘利亞人。在這支回教艦隊建立之前，居住在沙漠地區的阿拉伯人，對海的認識不多。穆微亞的艦隊在 649 年不顧當時哈里發烏瑪的反對，占領了塞浦路斯島，並於 654 年征服了羅德島。在其後的幾年裡，盛極一時的拜占庭艦隊，就被裝備簡陋的阿拉伯船隻逐一消滅。

然而穆微亞並未能充分利用這些優勢。國內的動亂愈演愈烈，竟形成了內戰。656 年，阿里的信徒在軍中叛變，殺死了哈里發烏斯曼。阿里是穆罕默德的表弟，娶了穆罕默德唯一的女兒法蒂瑪 (Fatimah)，所以又是穆罕默德的女婿。阿里的支持者認為阿里應成為穆罕默德的繼承人，阿里的後代有繼承哈里發之權。阿里幾經考慮，同意出任哈里發。

阿里的統治自始至終都是問題重重。他面臨的第一個問題，是塔拉 (Tallah) 和祖拜耳 (Zubayr) 與阿里爭奪哈里發，而他們在漢志 (Hejaz) 及伊拉克的追隨者拒絕承認阿里是哈里發。656 年兩人在巴斯拉附近的一場戰役中一敗塗地。阿里在庫法 (Kufah) 建立新都，表面上已高枕無憂，但第二次內戰已在醞釀之中。

除了穆微亞之外，每一行省的總督都按規定向哈里發宣誓效忠。地位鞏固的敘利亞總督，同時也是烏斯曼家族一員的穆微亞為殉教的前哈里發復仇。他在大馬士革的清真寺展示烏斯曼的血衣，以及烏斯曼的妻子為了保護丈夫而被砍下的手指。穆微亞給阿里兩個選擇：一

是嚴懲兇手，二是被視為同謀。但對阿里而言，嚴懲兇手是他不能或不願去做的。其實兩人的衝突並不限於個人權力之爭。兩人爭執的焦點是：到底是伊拉克或敘利亞，庫法或大馬士革，應該成為回教世界的中心。長期的征服使回教世界的重心逐漸北移，使得原來的首都麥地那處於邊緣的位置。

基於上述原因，阿里所率領的伊拉克軍隊，與穆微亞所率領的敘利亞軍隊於 657 年 7 月會戰於幼發拉底河之南。雙方血戰三天，伊拉克軍隊眼見即將取得最後的勝利。然而敘利亞軍隊卻把綁上《可蘭經》手卷的長矛拋向敵方陣營。這種作法意謂著希望原本藉由武力決定的事，變成由《可蘭經》來仲裁。於是雙方決定罷兵。單純而善良的阿里接受了穆微亞的請求。仲裁於 659 年 1 月舉行，最後確認穆微亞是合法的統治者。

兩年之後，阿里在庫法城外的納吉夫 (Najif) 遇刺身亡。那裡也成了所有什葉派 (Shiites) 回教徒的聖地。阿里也許欠缺擔任一個政治人物應有的特質，但他卻是阿拉伯人心目中標準的完人。他辯才無礙、知人善用、驍勇善戰、待人以誠，即使對敵人也以仁待之。他被認為是回教世界的騎士典範。他的名字及使用的寶劍是眾多文章、詩歌描述和讚美的對象。回教的青年運動，類似歐洲中古時代的騎士運動，都以阿里為模範。許多兄弟會亦以他為尊。阿里的信徒永遠認為他是完美無缺之人；什葉派的激進信徒則認為他是神的化身。

第七章
烏瑪雅王朝時期

第一節　穆微亞的安內與攘外

661 年穆微亞於耶路撒冷接任哈里發。他將帝國首都遷往大馬士革，以便控制偏遠的行省。他接任後面臨的第一個問題，就是穩定政局和敉平各省的叛亂。

烏斯曼及阿里的遇刺及因此而引起的內戰，對回教徒的團結破壞甚鉅，甚至昔日回教徒強而有力的神聖聯繫也因而宣告解體。為了彌補此種缺憾，新哈里發必須轉變回教國家在宗教上的整個基本觀念，使其成為長治久安的國家。但是，伊拉克地區卻公開宣布前哈里發阿里及法蒂瑪的長子哈山 (Hasan) 為當地統治者。因為對當地人民而言，哈山是他遇刺的父親唯一的合法繼承人。穆微亞以優厚的終身俸，換取哈山不提出上述要求。哈山因而退居麥地那，過著悠閒奢侈的生活，八年之後去世。他一共與百位以上女子結婚和離婚。他的死因可能是肺結核或是遇刺。然而哈山的追隨者卻因而怪罪穆微亞，並把哈山稱為「所有殉道者之主」。哈山死前將其權利交給其弟胡笙 (Hussyn)。胡笙在穆微亞有生之年，不敢伸張其權利。

在解決了阿里家族的威脅之後，穆微亞對伊拉克開始實施嚴厲的統治。他連續指派了一系列有能力且手腕強硬的總督進行統治，並將五萬名阿拉伯與貝多因人移居到波斯的東部，協助遏制當地的動亂。

穆微亞在解決了內部糾紛之後，開始對外擴張。他在 663 到 671 年間向東征服了庫拉山 (Khurasan)，越過奧蘇斯河，對土耳其斯坦的布哈拉進行劫掠。默伏 (Merv)、巴庫 (Balkh)、赫拉特 (Herat) 及其他高度發展的回教城市紛紛遭殃。

穆微亞向西征服了突尼西亞的凱拉灣 (Kairawan) 作為對抗柏柏人 (Berbers) 的軍事基地。當柏柏人改奉回教以後，穆微亞將他們編入阿拉伯軍隊，用以將拜占庭的勢力逐出阿爾及利亞。

在烏瑪雅王朝時期，也像早期的阿巴斯王朝一樣，阿拉伯與北方的拜占庭帝國的國界，是陶魯斯山和反陶魯斯山 (Anti-Taurus)。回教徒所建立的新防線從西里西亞的陶魯斯一直延伸到幼發拉底河上游的馬拉泰亞 (Malatya)。

668 年，穆微亞的軍隊已攻至查色頓 (Chalcedon)。它是君士坦丁堡在亞洲的郊區。穆微亞派愛子雅茲 (Yazid) 率軍水陸並進，圍攻君士坦丁堡，但在該年夏天撤軍。西元 674 年，阿拉伯軍隊又抵達博斯普魯斯海峽，並占領斯茲庫斯半島 (Cyzicus Peninsula)，計畫由此進入馬摩拉海 (Marmara Sea)。其後六年內，該地也成了回教艦隊的海軍基地、冬天的陸軍總部和春夏攻擊的前進基地。然而君士坦丁堡靠「希臘火」(Greek fire) 而獲救了。據說這種火在水下仍可燃燒。它是由一位大馬士革的敘利亞難民所發明的。680 年，阿拉伯艦隊被這種火燒得潰不成軍，鎩羽而歸。穆微亞也在該年去世。在此期間，阿拉伯人也對地中海東岸、愛琴海島嶼進行攻擊。此時，塞浦路斯已屬阿拉伯世界了。

第二節　穆微亞的治國之術

穆微亞深受敘利亞人、土著及阿拉伯移民的支持與愛戴。敘利亞

阿拉伯人 (Syro-Arabs) 大部分是來自阿拉伯半島南方已被基督教化的族群。穆微亞的妻子、御醫及宮廷詩人都是基督教徒。馬龍派與雅各派都將他們的宗派紛爭呈交穆微亞處理。據說穆微亞曾在愛德沙重建一座被地震震毀的基督教堂。藉著如此寬宏與容忍的胸襟，穆微亞抓住了敘利亞人民的心，穩固地在敘利亞建立起回教王朝。

穆微亞的政治手腕充分顯示其天賦長才。他曾經用以下這段話描述其治國智慧：「在鞭子就足夠的地方，我不會使用刀劍；而當舌頭就可以解決的時候，我就放下鞭子。就算我跟我的人民只靠一根頭髮維繫，我也不會使它斷裂。當他們拉時，我就放鬆。而當他們放鬆時，我就再拉一下。」他寫信給哈山，誘使哈山放棄王位的信，也同樣顯示出這樣的智慧：「我承認依血緣來說，你比我有資格為王。如果我確信你有如此能力承擔這個職位，我會毫不猶豫地向你效忠。所以，現在你看著辦。」隨信並附上一張由穆微亞簽署的白紙。這樣的能力使穆微亞即使與阿里派信徒或其他反對者相處時，都能與他們保持誠懇及友善的關係。

穆微亞另一個待解決的重要問題，是王位繼承人的遴選問題。阿拉伯人對統治者的選擇，一向採行選舉制度。但偶爾也會因內戰而無法實施。因此王位繼承人的選擇方式有二：選舉或內戰。但穆微亞認為兩種方式均不適合新建立的帝國。679 年秋天，穆微亞在去世前六個月指定其子雅茲繼承王位。他認為雅茲曾親自參與君士坦丁堡之役的勝利，顯示他適合擔任帝國的繼位人。穆微亞因此確立了另一種繼承制度，為後來的哈里發所奉行。此種制度增加了王朝的穩定性和持續性，同時也打擊有意奪取王位者的企圖。

第三節　阿里和祖拜耳之亂

當穆微亞在位期間，阿里的信徒不敢造次。但雅茲即位之後，他們便開始反叛。伊拉克人要求阿里的次子胡笙出任哈里發。胡笙同意

擔任此職，因而率領少數隨從與親屬自隱居的麥地那出發，前往伊拉克的庫法。伊拉克總督事先警告無效後，派遣重兵攔截，要求胡笙投降。胡笙拒絕投降。680 年 10 月，胡笙及隨行的二百人在巴格達附近的卡爾巴拉 (Karbala) 被殺害。胡笙之死被其追隨者當成「殉教」，對建立反對烏瑪雅統治和拋棄正統遜尼派 (Sunni Muslims) 理論的什葉派組織有極大幫助。胡笙逝世之日（回曆 10 月 10 日），遂成為什葉派回教徒的紀念哀悼日。每年的受難劇都會描繪他英勇抗拒與悲壯成仁的經過。他在卡爾巴拉的墳墓被什葉派視為世界上最神聖的地方，前往該地朝拜比前往麥加朝聖更有意義。

　　胡笙之死並未真正結束哈里發之爭。祖拜耳 (Abd-Ibn-al-Zubayr) 也在漢志自命為哈里發。雅茲派軍前往麥地那鎮壓，擊敗了祖拜耳。祖拜耳逃亡至麥加避難。敘利亞軍隊卻向這個傳統上不可侵犯的聖地進攻，燒毀天房 (Kabah)，並將從前回教時代就被尊崇的唯一回教聖蹟的遺物──黑石，劈成三塊。雅茲於 683 年底逝世，使得這項軍事行動暫告中止。

　　雅茲崩殂後，王位由兒子穆微亞二世繼承。但他是個體弱多病的青年，僅在位三個月，旋即駕崩。王位由其表哥馬萬 (Marwan) 繼承。馬萬在繼位之前，率領南阿拉伯軍隊於 684 年粉碎了祖拜耳所領導的北阿拉伯軍隊，因而結束了回教世界的第三次內戰。馬萬雖然繼任了哈里發，但是由祖拜耳所領導的反抗運動，則一直持續到馬萬的兒子馬立克 (Abd-al-Malik) 上臺為止。692 年，馬立克派了猛將哈慈將軍 (General al-Hajjaj) 圍攻麥加，並取回祖拜耳的人頭。隨著祖拜耳的去世，原始回教的盛世一去不返。以敘利亞為中心的新的、世俗、和政治取向的回教獲得穩固。麥加和麥地那退居次要地位。

第四節　烏瑪雅王朝的盛世

　　馬立克自 685 年至 705 年間擔任哈里發。在馬立克及其四個兒子

瓦立 (Walid)、蘇里曼 (Suleiman)、雅茲 (Yazid) 和希山
(Hisham) 統治期間，烏瑪雅王朝的國勢達到高峰，其版
圖之廣也是前所未見。其領土東起中國邊境與印度河，
西迄大西洋及庇里牛斯山，比羅馬帝國的領土還大。同
一時期，國家行政全面阿拉伯化。阿拉伯人第一次鑄造
道地的阿拉伯銅幣、發展郵政系統，興建一些有名的建
築，例如耶路撒冷的聖岩圓頂寺 (Dome of The Rock)❶。
該寺是僅次於麥加和麥地那之外的第三大回教聖地。

❶一般亦稱為奧馬清真寺 (Mosque of Omar)，但是奧馬僅在聖岩圓頂寺的原址膜拜祈禱，並未興建寺廟。

　　705 年，馬立克去世，其子瓦立繼位。他派軍討伐
馬德特斯 (Mardates)，並征服了今天的土耳其斯坦、阿
富汗、俾路支斯坦 (Baluchistan) 和旁遮普等地，及巴庫、
布哈拉和撒瑪爾罕等城市，將烏瑪雅的版圖擴張到喜馬
拉雅山腳下。

　　另一方面，一支柏柏人與阿拉伯人的混合軍於 710
年渡過了直布羅陀海峽，進行掠奪。北非總督慕沙
(Musa Ibn-Nusayr) 在 711 年派遣塔立克 (Tariq) 攻打西
班牙。他帶領七千兵馬，其中大多數士兵與他一樣是柏
柏人，在擊敗二萬五千名西哥德士兵後，未受阻礙地穿

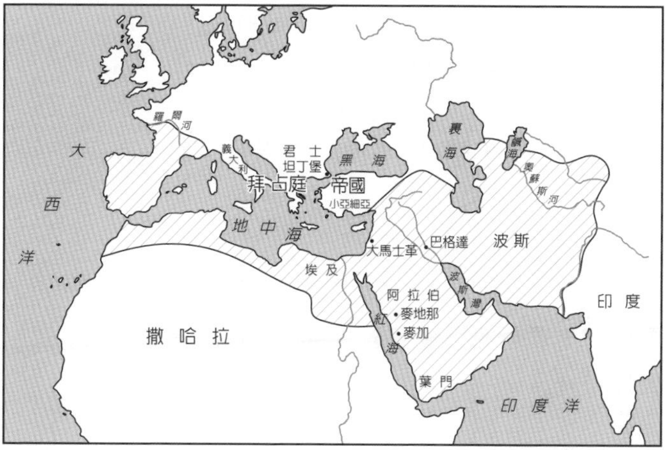

圖 19: 定都大馬士革的烏瑪雅帝國（西元 661–705 年）

敍利亞史

越西班牙半島，不到六個月就攻陷了半個西班牙。慕沙在 712 年率領一支由阿拉伯與敍利亞人所組成的聯軍，開進西班牙，進攻塔立克所繞過的城市。其後，馬立克從大馬士革下令停止進攻。

慕沙讓自己的兒子繼續統率遠征軍後，開始返回敍利亞。他浩大的隊伍除了隨從之外，還有四百名穿著整齊的西哥德王族與貴族，後面還有一大群的奴隸扛運著豐富的戰利品。慕沙於 715 年 2 月進入大馬士革，在新建的烏瑪雅清真寺受到新任哈里發的隆重歡迎。歡迎會反映了烏瑪雅王朝勢力登峰造極的最光輝的一日。許多歐洲的國王及諸侯均向蘇里曼俯首稱臣，西班牙成了敍利亞帝國的一部分。

希山 (Hisham) 在阿拉伯史學家眼中，是烏瑪雅王朝最後一位政治家。他從卡塔巴 (Qutaybah) 手中重新奪回中亞地區，並把勢力擴展到喀什葛爾 (Kashgar)。

另一方面，阿拉伯人與柏柏人開始跨越庇里牛斯山，進而劫掠法國的修道院與教堂。他們於 720 年攻陷納邦 (Narbonne)，732 年打敗了阿金泰公爵 (Duke of Aquitaine) 及攻破波爾多之後，開始計畫全面入侵西歐。法國人在馬泰爾 (Charles the Martel) 領導下，在吐爾 (Tours) 和波蒂爾 (Poitiers) 兩城之間，成功阻擋了阿拉伯人。即使如此，阿拉伯人仍然在 734 年攻陷亞威農 (Avignon)。

第五節　烏瑪雅時代的社會階級

烏瑪雅帝國的居民分為四個社會階級：回教徒、新回教徒、信奉其他一神教者以及奴隸。現分述如下：

一、回教徒

屬於統治階級，主要是哈里發家族、貴族與征服者。他們多集中在大馬士革等大城市裡。

二、新回教徒

指改信回教的敘利亞人，主要以務農或放牧為生。他們理論上享有回教徒的一切權利，事實上不然，因此引發不滿，致使一些回教徒轉向異議的派系，如什葉派。

三、信奉其他一神教者

如基督教徒、猶太教徒、薩比教徒 (Sabians) 及祆教徒 (Zoroastrians)。基督教與猶太教的地位是穆罕默德所親定，而薩比教與祆教是後來加列的。此等人須向政府納貢，以換取保護，而且在社會上及政治上居於二等地位。但若是純為一神教徒之間的民事及刑事糾紛，則政府通常不加過問，由各教自行管理。政府只在涉及回教徒時，方行使管轄權。

四、奴　隸

是所有社會階層中最低的一層。奴隸制是古代閃族傳統，也被回教所接受。奴隸所生子女，永遠是奴隸。但是與主人所生的子女，則可取得自由民之地位。在阿拉伯與非阿拉伯人的融合過程中，奴隸有其貢獻，因為有幾位哈里發即是奴隸所生。

第六節　民族和文化的融合

隨著疆界的擴大，敘利亞人、伊拉克人、波斯人、埃及人和柏柏人先後加入了回教隊伍之中，並與阿拉伯人通婚。如此一來，阿拉伯人與非阿拉伯人的界線也越來越模糊了。這些穆罕默德的追隨者，不論其出身地，均口操阿拉伯語。阿拉伯人本身並沒有科學、藝術、學習的傳統或文化遺產，只有宗教及語言兩者而已。其他的文化都是得自被征服地。在敘利亞及其他被征服的領土上，他們學習當地的一切。

就像羅馬人學習希臘文化一樣，阿拉伯人學習敘利亞文化。因此我們所謂阿拉伯人的哲學、醫學或數學，這些書籍其實都是由敘利亞人、伊拉克人、波斯人、埃及人根據希臘文、亞蘭文及波斯文等資料來源所寫。

烏瑪雅時期的文學十分發達，尤其是詩歌。此一時期的詩歌種類繁多，有諷喻、戀愛、酒宴歌賦、逢迎、政論、仿古等不一而足。阿拉伯的科學是建立在希臘人的基礎之上，並發展了醫學。這是因為穆罕默德曾經說過：「科學分兩方面：與宗教有關的，和與身體有關的。」大量希臘、敘利亞和古埃及的醫學論文被譯成阿拉伯文。烏瑪二世也將醫學院從亞歷山大遷到安提阿和哈蘭。

烏瑪雅時期的音樂歌舞開始流行。麥加和麥地那也成為歌唱和音樂人才的養成所，這與君主的作風很有關係。雅茲一世本人即是一位作曲家，將歌唱及樂器引入宮中。其他的哈里發亦蕭規曹隨，致使烏瑪雅的敵對者皆稱烏瑪雅王朝是不敬神的篡位者。回教徒敵視圖像雕塑的行為，在烏瑪雅時期並不顯著。王公貴族任用基督教徒畫家，大量繪製結合了納巴特式、敘利亞式及拜占庭式的作品，裝飾宮廷。在敘利亞沙漠的邊緣，尤其是南邊，迄今仍有許多烏瑪雅時期遺留下來的宮殿及狩獵的行宮。它們或是烏瑪雅建築家仿照拜占庭和波斯的格式而建成，或是恢復拜占庭和波斯所建的宮殿。有些宮殿則原本是羅

圖 20：烏瑪雅清真寺瓦立一世於 705 年將「施洗者約翰教堂」改建而成，為世界最莊嚴的崇拜殿堂之一。

圖 21：聖岩圓頂寺　由馬立克哈里發於 691 年在耶路撒冷所建，目的是將敘利亞朝聖者由麥加引至耶路撒冷，因為麥加仍為其敵對者所控。

馬人的堡壘。

在敘利亞回教徒占領各地半個世紀之後，許多基督教堂被改成設計獨特的清真寺。烏瑪雅王朝在大馬士革並未如傳統說法，將教堂分別屬於回教及基督教，而是在同一教堂分隔為兩個祈禱之地。所有做禮拜之人皆由教堂的同一個大門進去，但是進門後，基督教徒和回教徒則分別在教堂之左側及右側進行祈禱。敘利亞各大城市的主要教堂原本都是基督教徒祈禱之地，首座清真寺是 691 年馬立克在耶路撒冷所建的「聖岩圓頂寺」。他興建的目的，可能是要將敘利亞朝聖者由麥加引至耶路撒冷，因為麥加當時仍

圖 22：聖岩圓頂寺

在反哈里發人士掌控中；亦可能是要超越麥加的清真寺與敘利亞的天主教堂。馬立克因而任用當地受過拜占庭學派訓練的建築師及工藝人員興建該寺。寺中門戶皆由青銅鑄成，以銀製細工鑲嵌，大量使用花磚及鑲嵌花樣。寺中的東廂有座圓頂小閣，稱為「鎖鍊之圓頂屋」(The

Dome of The Chain)，作為寺中藏寶之處。

　　大馬士革的烏瑪雅清真寺 (The Umayyad Mosque) 興建較晚，重要性亦不及「聖岩圓頂寺」。瓦立一世於 705 年將「施洗者約翰教堂」(The Cathedral of St. John the Baptist) 改建為清真寺，成為全世界最莊嚴的崇拜殿堂之一。他動用波斯、印度、希臘和敘利亞各地的工匠，耗時七年，建成多色彩、多花樣的清真寺，壁畫皆以稀有寶石鑲成。稀有的大理石是牆壁或屋頂的建材。在寺中的北側則是一座尖塔，是世界上現存最古老與純正的回教尖塔。

　　瓦立一世亦重建麥地那的清真寺，擴建並美化麥加的清真寺，並在敘利亞興建許多學校、醫院與禱告的場所。烏瑪雅王朝的宮殿和清真寺，揉合了阿拉伯、波斯、敘利亞和希臘的建築風格，開啟回教的建築藝術。

圖 23：合姆斯的瓦立清真寺　烏瑪雅王朝的瓦立一世即葬於該寺之內。

第七節　烏瑪雅時代的宗教

　　烏瑪雅時期，若干宗教運動開始形成。其中削弱回教正統的宗教運動，包括摩賈派 (Murjirtes)、卡日賈派 (Kharijites) 與什葉派。摩賈派主張寬容，對有罪之人暫不判定，以致傾向支持烏瑪雅哈里發的世俗主義。卡日賈派主張維持原始回教的清規和民主的原則，反對哈里發應來自烏瑪雅家族的主張，禁止崇拜聖徒及至聖地的朝拜，並且主張禁止泛神派 (Sufi) 的兄弟會。

　　三派之中最重要的是什葉派，亦即阿里的信徒及後人。回教正統的遜尼派視哈里發為回教國家的世俗領袖、回教徒的領袖及保護者，但是並無精神上的權威。相反的，什葉派認定教主必須是來自阿里家族。他不僅是回教世界合法的領袖，亦是精神和宗教領袖，其權威來自神諭。激進的什葉派信徒甚至認為教主是神的化身。什葉主義 (Shiism) 有如磁鐵，吸引著各種不滿份子及不遵守回教正統之人。

圖 24: 烏瑪雅清真寺內觀

第八節　烏瑪雅王朝的覆亡

　　烏瑪雅時期在希山去世之後，接連四位繼承人都是昏君。帝國生活奢華，道德淪喪，貪污之風大盛，各地變亂紛起。家族的內鬥導致瓦立二世 (Walik II)、瓦立二世的表弟雅茲三世 (Yazid III) 及雅茲的弟弟伊布拉欣 (Ibrahim) 均在 744 年一一被謀殺。一名遠親馬萬二世 (Marwan II) 被立為哈里發，但國勢已大不如前。馬萬二世把首都遷往哈蘭，這樣能更靠近支持他的北阿拉伯人，並有效對付其敵對的兩個家族：阿里家族和阿巴斯家族。

　　對什葉教派而言，烏瑪雅王朝是不敬神的篡位者，是不可原諒的。阿里的後裔成為對政治、社會與經濟情形感到不滿的民眾支持的對象。

伊拉克人不滿敘利亞人把帝國的首都奪走。遜尼教派的虔誠信徒也譴責烏瑪雅王朝世俗化的行為。阿巴斯家族乘機伸張其權利，認為他們族人比烏瑪雅家族更接近穆罕默德，有權繼承哈里發。波斯回教徒則認為自己受到不公平的待遇，也起而反抗烏瑪雅王朝的統治。這種號召得到廣泛的回響。在東北部的庫拉山，成為什葉派滋長的溫床。阿巴斯家族的阿布都拉 (Abu-al-Abass Abdullah) 也趁勢而起，領導叛亂。內戰終於在 747 年爆發。阿巴斯家族與烏瑪雅王朝發生了長達五年的衝突。749 年，阿布都拉攻陷庫法，自立為哈里發。750 年 1 月，阿巴斯家族在一場決定性的戰役中獲勝，馬萬二世遭殺害。敘利亞全境落入阿巴斯家族之手。除了希山的孫子拉曼 (Abd-al-Rahman) 外，整個烏瑪雅家族全部遭到屠殺。

拉曼經過五年的流浪，於 756 年到了西班牙。他定都哥多華 (Cordova)，開始統治新的王國。拉曼採取開明和親民的統治，終於使回教文化在這個國家大放異彩。

第八章
阿巴斯王朝時期

第一節　巴格達取代大馬士革

　　當烏瑪雅王朝崩潰之後，敘利亞的霸權亦隨之而去。阿巴斯王朝以伊拉克為大本營，並以庫法 (Kufah) 為第一首都。敘利亞人由於回教世界的重心已從自己的土地往東移而感到羞恥且憤怒。敘利亞人最後的希望，就寄託在穆微亞一世 (Muawiyah I) 的後裔，期待他成為「彌賽亞」，並把敘利亞人從伊拉克的勝利中解救出來。烏瑪雅王朝的殘餘分子齊亞德 (Ziyad) 曾從合姆斯與巴米拉兩地糾集四萬兵力，但無濟於事。

　　與此同時，阿巴斯正忙著鞏固其新占領的地區。他與前任不同，依賴武力為統治的工具，以致贏得「屠夫」之綽號。這位新的哈里發身邊有許多神學家與法學家，為這個國家的政治增加許多神學色彩，這與前朝濃厚的世俗色彩大不相同。完備的宣傳機器努力的為阿巴斯歌功頌德。他們宣稱阿巴斯王朝一旦被打敗，整個宇宙都會崩壞。他們大量分發反烏瑪雅與親阿巴斯的宣傳品，甚至將銘刻與建築物上所有與烏瑪雅有關的文字完全抹去。所有烏瑪雅王朝帝國的墳墓，除了

穆微亞一世與烏瑪二世的墳墓外，都被挖掘，帝王的屍體也被褻瀆。

　　新哈里發與之前哈里發最大的不同之處就是「波斯取向」。阿巴斯朝廷的禮儀取自波斯，波斯的觀念是其政治上的主流，波斯女子充斥後宮。這是一個新回教徒的帝國，而阿拉伯只是組成帝國的數個民族之一。伊拉克從敘利亞的監督中解脫。什葉派有一種報復的快感。波斯人可在政府中擔任高級官員。他們引進並取得一個地位僅次於哈里發的新職位，稱為「大臣」(Vizier)。庫拉山人 (Kurasanians) 則包辦了哈里發的禁衛軍。阿拉伯的貴族階級相形失色。

　　阿巴斯王朝下的第一任敘利亞總督是哈里發的叔叔阿布都拉。當沙發 (Saffah) 在 754 年去世時，阿布都拉與沙發的弟弟曼疏 (Mansur)開始爭奪哈里發之位。阿布都拉把原本用於防備拜占庭的軍隊，調來對付曼疏。他並不信任麾下庫拉散人的軍隊，因此把人數多達一萬七千人的軍隊，全部殺死，然後率領主要由敘利亞人組成的軍隊向伊拉克進攻。阿布都拉後來遇上穆斯林 (Muslim)，並被穆斯林打敗。穆斯林成了庫拉山政府獨立的象徵，並成為人民的偶像。但穆斯林的成功，也引起曼疏的疑忌。穆斯林後來被曼疏處死。

　　由沙發與曼疏所創立的帝國國祚甚長。接下來的三十五位哈里發，都是曼疏的直系子孫。曼疏定都於底格里斯河西岸的一個基督教村落巴格達。巴格達建立於 762 年，正式的名稱是「和平之城」(Dar al-Salam)。這個城市很快的繼承了巴比倫與西堤思芬 (Ctesiphon) 的權力與聲響，而成為阿巴斯王朝歷史上最輝煌及最具代表性的城市，同時也是《天方夜譚》的背景。

第二節　敘利亞人的反抗

　　阿巴斯王朝遷都巴格達之後，拜占庭帝國的威脅已非主要關切之事。惟曼疏及其繼承人都加強了敘利亞邊界與黎巴嫩海港的防衛。759年，一夥在黎巴嫩的基督教徒因受不了阿巴斯王朝的苛捐雜稅，並由

於拜占庭艦隊出現在的黎波里的海面上而受到鼓舞，便從位於慕娜地拉 (Munaytirah) 的要塞衝出來，對貝卡地區的村落進行劫掠。但這夥人受到阿巴斯王朝騎兵的痛擊。為了報復，阿巴斯王朝的軍隊摧毀了慕娜地拉要塞，並將村民流放到敘利亞全境，雖然大多數村民與暴亂無關。開啟後來許多暴亂與鎮壓的第一次。

曼疏的下一批受難者是阿里派。該派曾協助阿巴斯王朝推翻了烏瑪雅王朝，天真的認為阿巴斯王朝是為他們而戰。阿里派堅持只有他們的教主擁有統治回教世界之權，因而視哈里發為篡位者，威脅到哈里發的地位。762 年，胡笙的兩個孫子領導叛變，但是遭到無情的鎮壓，而失敗身亡。

即使這些反抗受到挫折，但敘利亞人以言行反對阿巴斯王朝，因為他們無法接受失去特權、地位、以及政府高級職位之事實。阿巴斯王朝也對基督教徒課徵重稅。曼疏的兒子馬地 (Mahdi, 775–785) 曾強迫阿勒坡城周圍五千名塔努克阿拉伯人 (Tanukh Arabians) 改信回教，並摧毀其教堂。馬地將王位傳給兒子哈地 (Hadi) 後，但很快的又傳給哈地的兒子哈倫 (Harun al-Rashid)。哈倫受到回教徒的傳頌，但對敘利亞基督教徒與回教徒而言，卻是個嚴酷的君主。

782 年，哈倫還是王儲之時，已率軍遠征拜占庭，並從愛琳攝政王 (Regent Irene) 手中取得大批戰利品。當他繼位之後，他指示駐在敘利亞北部的愛將拉卡 (Raqqah) 對羅馬人的土地進行掠奪。由於北阿拉伯人與南阿拉伯人在敘利亞水火不相容，大馬士革也陷入兩年的戰亂之中。795 年，哈倫任命一名巴爾瑪吉 (Barmakid) 將軍率軍討伐，解除雙方武器。這位來自波斯貴族家庭的將軍戰果輝煌，又慷慨好義，廣散家財，終於引起哈倫的疑忌，而在 803 年被滿門抄斬。

第三節　宗教的迫害

哈倫重新採取烏瑪二世反基督教徒與反猶太人的措施。807 年，他

下令摧毀回教帝國建立後興建的所有基督教堂。他規定凡是容許存在的各派教徒必須穿著指定的服飾，但這項規定並沒有嚴格執行。哈倫死後，兩個兒子阿敏 (Amin, 809–813) 與馬門 (Mamun, 813–833) 爭奪王位，這項宮廷鬥爭也波及到敘利亞。敘利亞軍隊無所適從，或是集體逃亡，或是隨著冒稱是烏瑪雅王朝後裔的人短暫占領了合姆斯與大馬士革。但後來馬門的勝利，為這個地區帶來相對的和平。

西元 829 年，馬門訪問了敘利亞，並重新丈量土地，以便增加賦稅。四年之後他重返大馬士革，並對法官進行評鑑，任何法官如果不能依照慕達吉立 (Mutazilite) 詮釋《可蘭經》中創世記的觀點者一律革職。馬門的繼承人後來在朝聖或親征拜占庭時都曾訪問敘利亞。他們從總督與驛站長那裡聽取情報，兩者兼任祕密警察首長之職。

馬門統治時期發生的一個重大事項，是賦予自治權給東波斯，使波斯軍隊逐漸變得不可靠。哈里發乃自今日所稱的土耳其斯坦 (Turkestan) 買來男童奴隸，以取代軍中的波斯人。這些土耳其奴隸通稱為馬木魯克 (Mamelukes)，形成哈里發的禁衛軍。土耳其奴隸出身於游牧部落，在成為禁衛軍前，需經過嚴格的競爭和淘汰，因此，最後成為禁衛軍者皆是英勇善戰之士。然而，他們不久即了解，自己具有軍事力量，而哈里發實際是依靠他們。

馬門的另一名兄弟慕達辛 (Mutasim, 833–842) 在繼位後遷都撒瑪拉 (Samarra)。慕達辛曾以撒瑪拉為據點，在與阿摩利蒙 (Amorium) 的戰爭中獲勝。這次戰爭也是他最後一次侵入安那托利亞高原，並維持了敘利亞北部邊界長久的和平。在他統治期間，主要的動亂地區是巴勒斯坦。

慕達辛的兒子瓦達克 (Wathiq) 在位時，政局平靜，但是瓦達克的弟弟慕達瓦基 (Mutawakki) 即位後，政局轉變。850 年與 854 年，他恢復對各異教徒歧視性的法律，並且實施前所未有的歧視措施：猶太與基督教徒家中禁止木製偶像、他們的墳地也被剷平、只許穿著黃色服飾、只許乘坐由騾或驢所拉的木製車座、並須在鞍尾掛上類似石榴的

兩個小球以示區別。大馬士革與合姆斯分別在 854 與 855 年因此而發生暴動，基督教徒與回教徒都參加暴動。大馬士革居民殺了阿巴斯王朝的總督，其後阿巴斯王朝派遣七千名騎兵與三千名步兵，屠城三日。合姆斯的暴動亦遭到同樣的血腥鎮壓。叛軍首領被梟首示眾，所有基督教堂盡數摧毀，城中所有基督教徒盡數屠滅。

令人難以置信的是，858 年，慕達瓦基遷都大馬士革，這也許是要擺脫其禁衛軍的制約，因為禁衛軍大部分由難以管束的土耳其人所組成。但這個潮濕、風大且跳蚤多的城市，在三十八天內就讓這位善變的君主知難而退。861 年，這些土耳其奴隸軍殺了慕達瓦基，自行在巴格達建立軍事獨裁，但是名義上仍然維持哈里發的地位。當各個行省發現哈里發已成為該等奴隸軍的傀儡後，帝國遂趨於瓦解。在瓦解過程中，小王朝紛紛出現。其中大部分為阿拉伯人所建，小部分是土耳其人及波斯人所建。

第四節　土倫尼王朝

小王朝中首先影響敘利亞的是短命的土倫尼王朝 (Tulunid Dynasty)。它於 868 年興起，905 年即滅亡。土倫尼王朝的創立人是埃及副總督阿瑪德・土倫 (Ahmed Ibn-Tulun)。阿瑪德是布哈拉的土耳其人，其父將他作為禮物送給馬門。阿瑪德年輕又富野心，他奉派至埃及擔任副總督後，立即策劃利用埃及遠離巴格達的優勢獨立行事。他在哈里發的授權下，將軍隊增加到十萬人，並率軍至敘利亞征討反抗阿巴斯王朝的叛軍。877 年總督去世後，他認為占領整個敘利亞的時機來臨，因此率領軍隊進攻敘利亞。敘利亞的城市先後陷落。880 年，他自行宣布為埃及和敘利亞的統治者。

阿瑪德以鐵腕統治兩地。他的軍隊成為其王朝的支柱。其軍隊的核心是二萬四千名土耳其人和四萬名黑奴所組成的禁衛軍，禁衛軍的每一個人皆向他宣誓效忠。他為了向臣民顯示其統治的正當性，乃大

興土木。其規模之大，為埃及法老王時代後所僅見。他定都於富士塔 (Fustat)，亦稱舊開羅 (Old Cairo)。輝煌的建築物中，包括以他的名字為名的一座醫院和清真寺。在敘利亞的阿克，他建構防禦工事，設立海軍基地。阿克的城牆有兩重，非常堅固，以致十字軍東征時，費時兩年，結合兩國君主的軍力，方攻陷之。1799 年拿破崙的野戰砲對之亦無可奈何。

884 年阿瑪德之子庫馬拉威 (Klumarawayh) 繼位。他年方二十歲，揮霍無度，荒淫放蕩。但是他擴大王朝的版圖，其統治地西起北非的塞然尼卡 (Cyrenaica，今利比亞領土的一部分)，東迄底格里斯河。892 年哈里發確認庫馬拉威及其繼承人對其轄地具有三十年的統治權，但是每年須向哈里發進貢三十萬丁那 (dinars)。庫馬拉威揮霍無度，造成國庫空虛。985 年，他被其奴隸所殺，其兩子先後繼位。

第五節　卡馬辛派之亂

在此動亂時期，什葉派中好戰的極端勢力興起，此即通稱為卡馬辛派 (Carmathians)。該派組成祕密的共產社會，約於 890 年開始在庫法活動，其後在波斯灣西岸建立獨立國家，並且四出攻殺劫掠。在烏瑪雅時代，敘利亞回教徒信奉遜尼派教義，但是他們對阿巴斯王朝的憎恨，使得什葉派的教義開始傳入，從而使人願意接受卡馬辛派的觀念。正如拜占庭帝國視基督教為異教時，敘利亞人以擁抱基督教作為伸張其民族性的手段，同理，敘利亞人接受卡馬辛派反對阿巴斯的教義，是用以宣洩對阿巴斯王朝的憎恨。卡馬辛派軍隊擊敗土倫尼王朝的守軍，於西元 901 年圍攻大馬士革，並幾乎攻陷敘利亞的其他城市。

第六節　衣克錫王朝

902 年，哈里發任命土耳其人杜吉為大將，率軍擊敗卡馬辛派軍

隊，在取得敘利亞附庸國的效忠承諾後，展開對埃及的征服。904 年，庫馬拉威的次子被謀殺，其叔父繼位。但是杜吉大軍已兵臨富士塔城下。城破之後，土倫尼王朝之人或被殺，或被俘，無一倖免。

次年，最後一位自稱是烏瑪雅王朝之人，在敘利亞揭竿而起，但是不久即被俘而押送到巴格達。那些認為只有烏瑪雅王族人士才有資格做統治者之人經此挫敗後，士氣消沉，只得接受外族的統治。

杜吉之子穆罕默德處心積慮，接管土倫尼王朝在埃及和敘利亞的權力，935 年，他在富士塔自封為埃及的統治者。四年後，哈里發賜他古代波斯的親王榮銜衣克錫 (Ikhshid)，統治敘利亞。穆罕默德正式建立了衣克錫王朝 (Ikshidid Dynasty)。他於 841 年去世。雷格 (Ibn-Raiq) 繼任哈里發，因而將衣克錫名號延伸至敘利亞。944 年哈里發承認衣克錫封號可由穆罕默德之子孫世襲之。

第七節　韓丹與法蒂瑪王朝

944 年，敘利亞北方的韓丹 (Hamdanids) 家族占領馬丁 (Mardin) 要塞，並向東擴張勢力至美索不達米亞北方，向衣克錫王朝的權力挑戰。韓丹家族中最能幹之人是哈山 (Hasan)，他攻占阿勒坡、安提阿等重要的城市，並利用 946 年衣克錫死亡之機會，攻占整個敘利亞。衣克錫的兒子年幼，繼位後由黑奴出身而名為凱福 (Abu-al-Misk Kafur) 的太監擔任攝政王。凱福兩度擊敗哈山，迫使哈山承認埃及的宗主權。968 年凱福去世，衣克錫幼王即位後，無力應付動亂的局勢。次年法蒂瑪王朝 (Fatimid Dynasty) 的軍隊擊敗衣克錫王朝的部隊，埃及、巴勒斯坦與敘利亞中部落入法蒂瑪王朝之手。

哈山在北敘利亞擴張勢力，並自阿巴斯王朝取得「國家之劍」的榮銜。他的王朝名義上是阿巴斯王朝的附庸，實際上是獨立的。哈山改名為塞夫 (Sayf)，定都於阿勒坡，以便就近抵抗拜占庭帝國的新一輪攻勢。阿勒坡城從遠古阿摩利時代以來，首次成為政治中心。塞夫在

此建立了富麗堂皇的宮殿。他統治了北敘利亞、部分西里西亞與大部分美索不達米亞。回教徒與基督教徒的抗爭中斷了一段長時間後，塞夫是首先認真對抗基督教徒的回教領袖，但是他並未能每戰皆勝。962年，他因被拜占庭軍隊打敗，一度失去了阿勒坡。塞夫死於967年，他在文化方面的貢獻比武功方面來得大。

塞夫的繼承人是兒子沙立夫 (Sharif)，但受到身為表哥的詩人費拉 (Abu-Firas) 的挑戰。內鬥使拜占庭皇帝尼西弗魯斯 (Nicephorus) 得以攻取阿勒坡、安提阿與合姆斯諸城。拜占庭暫時擁有對韓丹王朝的宗主權。韓丹王朝與拜占庭的戰爭持續不斷，但沙立夫之子塞德 (Said) 卻為了抵抗法蒂瑪王朝而向拜占庭求援。拜占庭皇帝巴西 (Basil) 派軍一萬七千人相助，並擊退法蒂瑪王朝的軍隊。但塞德仍須承認法蒂瑪王朝的宗主權，並娶了法蒂瑪王朝的公主為妻。法蒂瑪王朝至此控制了韓丹王朝。兩年後，法蒂瑪王朝宣布由法蒂瑪王朝哈里發取代塞德的兒子，成為韓丹王朝的統治者。1003年，法蒂瑪王朝把韓丹王朝的兩位王子及妻妾送到開羅，而讓法蒂瑪王朝的王子成為韓丹王朝的攝政王，韓丹王朝至此名存實亡。

塞夫在宮廷中聚集大批文人和藝術家，阿勒坡文風之盛比美巴格達。這些文人之中，最有名的是摩坦那比 (Mutanabbi)。他是庫法人，小時自稱有先知之能，因而為官府囚禁下獄，兩年後出獄，雖然不再以先知自居，但是仍然自視甚高。他投靠塞夫，成為塞夫宮廷的桂冠詩人。他歌頌塞夫對拜占庭軍隊作戰的光榮史蹟，是其詩賦中最優美的詩篇，亦促成塞夫在阿拉伯歷史中的傳奇地位。他後來投靠凱福，為文頌揚不遺餘力，其後反目成仇，對凱福極力嘲笑謾罵。他頌揚和謾罵的文章，迄今仍為阿拉伯小學生背誦的教材。

第八節　敘利亞對文化的貢獻

敘利亞雖然仍維持其通常的基督教特徵，但現在也開始逐漸改變。

慕達瓦基的法令使許多敘利亞基督教家庭不是改奉回教，就是移民。改奉回教的原因主要是為了避免羞辱性的待遇及沉重的賦稅，並取得社會地位與政治影響。敘利亞被回教徒軍事征服二百年後，方為回教所征服。任何回教徒若要信奉基督教或猶太教，都必須冒著生命危險。

　　阿拉伯人在語言上獲得勝利，比他們在政治與宗教上的勝利，既晚且慢。敘利亞人民與其他占領區對此反抗最力。他們即使放棄了政治與宗教上的忠誠，但仍然極力維護自己的語言。阿拉伯文學比語言先取得勝利。敘利亞學者在哈里發的支持下，在寫作時已大量使用阿拉伯文，但一般農民仍未使用阿拉伯語。目前最古老的阿拉伯文基督教文獻，是 877 年由古拉 (Abu-Qurrah) 所寫。十三世紀早期阿巴斯王朝結束之際，阿拉伯語已成為這個地區的日常用語了。但一些非回教徒的語言孤島仍存在著，而由非回教徒如雅各教派、聶斯托留教派與馬龍教派等教徒所居住。在黎巴嫩，說古老敘利亞語的居民仍存在三個村落之中，他們通常是馬龍教派或其他敘利亞基督教派。

　　一般而言，整個閃族世界在阿巴斯王朝下已被阿拉伯化。亞蘭 (Aram) 是敘利亞的古名，已被改成薩姆 (Sham)，即左邊之意，因為它位於麥加黑石的左邊，與位於右邊的葉門相反。由於使用同一種語言（除了黎巴嫩之外），並信仰同一種宗教，使得閃族世界首次出現統一的自覺，敘利亞語在消失前，仍然對敘利亞的阿拉伯語，在型態學、發音學與字彙方面，留下難以磨滅的影響。此使敘利亞─黎巴嫩方言與鄰近地區的語言大不相同。

　　口操敘利亞語的基督教徒對阿巴斯王朝知識復興的貢獻比其他民族更大。750 年至 850 年間，在人類思想史上，阿拉伯世界的思想有著驚人的發展。這個運動就是許多波斯文、希臘文與敘利亞文的文獻，都被譯成阿拉伯文。阿拉伯回教徒並沒有帶來藝術、科學或哲學，更別提文學。但他們是熱情的學習者，不斷從前人的成果中吸取養分。在兩河流域，他們繼承了希臘的科學與知識。762 年巴格達建城後數十年，阿拉伯人所閱讀的哲學書籍都是亞里斯多德與新柏拉圖主義學者

的著作、主要醫學作品是希波克拉斯 (Hippocrates) 與格倫 (Galen) 的作品、數學是歐幾里德 (Euclid) 的作品、物理學是托勒密 (Ptolemy) 的作品。所有這些作品都是敘利亞基督教徒所翻譯。阿拉伯人不懂希臘文，但敘利亞人已說了一千年的希臘語。在回教傳入前兩百年，敘利亞學者已將希臘作品譯為敘利亞文。同一批人又將希臘科學與哲學作品譯作波斯文，以及此地區大多數人能閱讀的阿拉伯文。

第九章
法蒂瑪及塞爾柱王朝
時期

第一節　法蒂瑪王朝

　　烏瑪雅與阿巴斯兩大家族的鬥爭曾引起回教世界的動亂。第十世紀時，該項鬥爭又再度爆發。909 年，一個自稱是先知穆罕默德的女兒法蒂瑪與阿里後代之人，在突尼西亞建立王朝，稱為法蒂瑪王朝。法蒂瑪王朝是中世紀最後一個王朝，同時也是唯一的什葉派王朝。這個王朝於 909 年創立於突尼西亞，並在 969 年自衣克錫王朝手中，奪取了埃及與敘利亞。接下來的幾年裡，敘利亞境內一直烽火連天。這是因為敘利亞不僅介於北部的韓丹王朝與南部的法蒂瑪王朝之間，同時也涉及卡馬辛派人、土耳其人與拜占庭等勢力衝突之交會點。在阿巴斯王朝的協助下，卡馬辛派人先占領了大馬士革。但後來土耳其人攻下大馬士革，並以此為基地而對敘利亞全境大肆掠奪。土耳其人與卡馬辛派人聯合起來對付共同的敵人是很自然的事。

　　977 年，法蒂瑪的阿濟茲 (Aziz) 哈里發 (975–996)，在蘭姆拉 (Ramlah) 擊敗了土耳其人與卡馬辛派人的聯軍。阿濟茲因而把勢力擴張到敘利亞，尤其是在海岸地區。但他無法拿下阿勒坡城，這主要是

因為拜占庭帝國的干預。拜占庭帝國一直都想恢復在敘利亞的統治權。阿濟茲被拜占庭打敗之後，其勢力就被限制在敘利亞的中部與南部，但仍對北部衰弱的韓丹王朝擁有宗主權。

阿濟茲的繼承人是兒子哈金 (Hakim, 996–1021)。哈金登基時只有十一歲，他的行為怪異而不理性，以致後世許多歷史學家認為他精神不正常。在他登基的第二年，一個名叫阿拉克 (Allaqah) 的水手在泰爾宣布獨立，並以自己的名義鑄造錢幣。在拜占庭海軍對埃及海軍進行牽制後，阿拉克則與埃及軍隊形成對峙之勢。但後來在泰爾城被團團包圍的情況下，他終於向埃及軍隊投降。阿拉克被剝皮，並被釘在十字架上。他的皮在填入乾草後，被帶到開羅示眾。

哈金恢復烏瑪二世時對基督教及猶太教的歧視規定，並拆毀數座基督教教堂，包括耶路撒冷的大教堂。為了執行《可蘭經》中禁酒的規定，他下令剷除所有的葡萄園。他命令任何不遵從其規定的異教徒改信回教或移居國外。

第二節　德魯茲派與阿拉威派

隨著伊斯邁教派 (Ismailite) 的極端發展，哈金被視為真主的化身。首先奉行此說的是一個新成立的教派。這個教派是由一名傳教士戴賴齊 (Darazi) 所創立，所以叫作德魯茲派 (Druze)。戴賴齊是波斯人，原本是一名裁縫。德魯茲教派的教義認為真主會不斷以人類的形象在世間顯象，而真主最後且最重要的顯象，就是法蒂瑪王朝的統治者哈金。由於埃及人對德魯茲教派的教義絲毫不感興趣，於是戴賴齊就到了黎巴嫩境內的赫蒙山，並受到當地山區居民的歡迎。但是他於 1019 年死於戰場，其地位則由其對手漢沙 (Hamzah Ibn-Ali) 所取代。

1021 年哈金在宮廷陰謀中被殺。漢沙拒絕承認哈金已死，宣稱哈金只是暫時藏匿，不久將勝利而歸。漢沙代表哈金，赦免信徒對回教中一些主要教規的遵守義務，包括齋戒及朝聖，而代以一些新的教條，

諸如言而有信，教友互助，放棄所有形式的虛假信念，絕對服從神的意旨。最後一項教條迄今仍是德魯茲派及正統回教中強而有力的準則。該派的另一特色是靈魂輪迴說。此說源自印度，因新柏拉圖主義而更增聲勢。教友互助之教條，使得德魯茲派教徒形成一個與眾不同的緊密社區，有如一個宗教性兄弟會的組織，而不是一個教派。

　　當德魯茲派試圖在黎巴嫩南部永久定居時，與已在當地立足的回教的非正統支派——努塞爾派 (Nusayriyah)——發生衝突。努塞爾派最後退居敘利亞北部。德魯茲派在城市難以立足，但是勢力擴及到其他鄉村。有一些則移居到敘利亞的豪然高原，人口大約九萬人，而在黎巴嫩則約有八萬人。德魯茲派在歷史上，曾在黎巴嫩與敘利亞的國內事務中，發揮了與其人數不成比例的影響力。

　　努塞爾派是創立於九世紀晚期伊斯邁教派的一支，現今對這個教派的資料所知不多，因為它的特性、層級與組織都相當神祕。其宗教經典也沒有像德魯茲教派那樣公開，加上許多已毀於十九世紀的地區戰火之中。目前只知道它是一個小型異端教派，對正統教派抱有敵意而秘密發展。如其他極端什葉派一樣，努塞爾派將阿里奉為神明，因此有時也被稱為阿拉威派 (Alawites)。這個稱號因後來為委任統治此地的法國人所使用而流行。在非回教徒居多數的敘利亞，阿拉威派代表極端什葉派觀念。其教義是直接由異教傳至伊斯邁派，再吸收基督教的一些表面特徵，例如聖誕節與復活節等。這些教派的層級組織有三層。社區的其餘之人則是老百姓。與德魯茲教派不同的是，努塞爾派的層級組織不接受女性。他們的聚會都於深夜在荒僻之地舉行，宗教儀式也十分神祕。直到今天仍有三萬名左右的努塞爾派教徒，大多數是農民，主要分布在敘利亞中部與北部的山區，並遠及土耳其的西里西亞。

第三節　法蒂瑪王朝未有效統治敘利亞

　　哈金的繼承人沉湎於享樂而疏於治國，因而漸漸失去對國內與國外領土的控制權。1023 年，貝多因人中的一支奇拉普人 (Kilab) 的領袖沙立 (Salih Ibn-Mirdas) 從法蒂瑪王朝手中奪得阿勒坡，直到 1079 年才失去。奇拉普人與其他阿拉伯部落聯合對抗法蒂瑪王朝，例如 1024 年在蘭姆拉縱火的泰義人 (Tayyi)、1025 年封鎖大馬士革的卡布人 (Kalb)。

　　在整個法蒂瑪王朝統治期間，它對敘利亞的控制力其實是很薄弱的。它面臨的敵人首先有土耳其人，再來是卡馬辛派人、韓丹人與拜占庭人，最後是米爾達斯人 (Mirdasias) 及其他貝多因人。雖然它遭逢的最強勁對手，直到 1070 年才出現，而法蒂瑪王朝早已在 1060 年由於埃及的叛亂而瀕臨崩潰。

第四節　塞爾柱人的興起

　　塞爾柱人 (Seljuks) 從土耳其斯坦 (Turkestan) 的南部向布哈拉 (Bukhara) 推進，在接受遜尼教派的回教後節節勝利。1055 年，塞爾柱人領袖突格里勒 (Tughril) 強迫阿巴斯王朝的哈里發承認他是主人而非波斯什葉派布韋希 (Buwayhids) 王朝。突格里勒取得蘇丹的稱號，成為在其貨幣上印有該稱呼的第一位回教徒統治者。

　　突格里勒的繼位人是他的姪子艾爾普 (Alp Arslan, 1063–1072)。在艾爾普統治之下，塞爾柱王朝的版圖向西擴展至敘利亞及小亞細亞。艾爾普在 1070 年擊退了敘利亞北部的米爾達斯人，占領了阿勒坡城，並讓原來的統治者帶著奴隸離開。土庫曼將軍艾茲 (Atsiz) 則打敗了法蒂瑪王朝的軍隊，征服了巴勒斯坦、蘭姆拉與耶路撒冷，並往南進攻直達阿斯卡隆附近的城市。艾爾普也於次年在曼茲克特 (Manzikert) 打

敗了拜占庭帝國的軍隊，取得決定性的勝利，占領了范湖 (Lake Van)，並俘虜了拜占庭帝國的皇帝。小亞細亞因而對塞爾柱人門戶大開。軍隊攻入安那托利亞高原達四百英里，直抵希勒斯邦 (Hellspont)，同時攻占敘利亞北部。拜占庭帝國退處小亞細亞一隅之地，因而向羅馬教皇求援。

然而快速形成的塞爾柱王朝也很快四分五裂。小亞細亞由艾爾普的表親蘇萊曼統治。蘇萊曼在 1077 年征服離君士坦丁堡不遠的尼西亞 (Nicaea)。1084 年，王朝的首都改往西南邊的孔亞（Konya，又作 Iconium）。同年，安提阿又被塞爾柱人征服。直到 1075 年艾茲占領大馬士革為止，敘利亞就在阿拉伯人、塞爾柱人、土庫曼人與法蒂瑪王朝等勢力中成為四戰之地。艾茲對人民極盡壓榨之能事，但在 1079 年被圖圖什 (Tutush) 殺死。瑪力克沙 (Malikshah) 於 1079 年去世之後，圖圖什實際上獨霸一方。他在 1084 年從拜占庭手中奪取了安提阿，1094 年奪取了阿勒坡，但在翌年陣亡。他的兩個兒子立宛 (Ridwan) 和杜卡 (Duqaq) 分別占據阿勒坡與大馬士革。幾年後杜卡迫而承認立宛的統治權。1098 年，原本被分封於耶路撒冷的圖圖什的女婿，突然向法蒂瑪王朝獻地投降。

1097 年，十字軍來到敘利亞時，安提阿是由塞爾柱省長雅奇‧西燕 (Yaghi-Siyan) 所統治，阿勒坡則由立宛占領，大馬士革的統治者是杜卡。此時法蒂瑪王朝在敘利亞的領土只剩下阿克、泰爾、錫登、阿斯卡隆，以及剛收回的耶路撒冷。

第五節　第一次十字軍東征

十字軍東征，名義上是欲將聖城自回教徒手中奪回，事實上歐洲人乘機在敘利亞建立自己的政權。1095 年 11 月 26 日，教皇烏爾班二世 (Urban II) 首度呼籲教徒向耶路撒冷進攻，將聖城自「邪惡的種族」手中解放出來。歐洲各地群起響應。但是參與十字軍者並非皆出於宗

敘利亞史

教的動機。1097 年春天，十字軍第一次東征。十五萬人自法國及附近地區由陸路經君士坦丁堡，攻向由塞爾柱人所統治的安那托利亞高原。他們打退塞爾柱軍隊，為君士坦丁堡光復了尼西亞，進抵反陶魯斯山。

此時十字軍的領袖們開始發生爭執，各有本身的征服計畫。布隆 (Boulogne) 的包爾溫 (Balwin) 向東攻入亞蘭基督徒所居之地，於 1098 年初在愛德沙建立自己的王國。正式名稱為「愛德沙伯國」(County of Edessa)。

十字軍的主力進入敘利亞北部，1097 年 10 月 2 日圍攻安提阿，至翌年初方攻陷之。波希蒙 (Bohemond) 成為新建立的安提阿公國 (Principality of Antioch) 的統治者。拜占庭皇帝本來期望該地重新納入版圖，但是事與願違。

土魯斯 (Toulouse) 的雷蒙 (Raymond) 與波希蒙競爭失敗後，與包爾溫的弟弟布容 (Bouillion) 和格弗瑞 (Godfrey)，及雷蒙的姪兒譚克爾 (Tancred) 在馬龍派人士協助下，率領四萬軍隊，攻向耶路撒冷。經過一個月的圍攻，他們攻陷聖城。在城陷之後，城中居民，不分教派，遭到無情的屠殺。在格弗瑞領導下，十字軍建立了第三個拉丁人帝國——耶路撒冷王國。

格弗瑞不久去世，其弟包德溫 (Baldwin) 於 1100–1118 年統治期間，方真正建立了耶路撒冷王國。他不僅打退埃及的海軍，並且次第攻取地中海沿岸的城市要塞，從而打通了與法國本土的海路補給通道。

雷蒙在攻下耶路撒冷城後，轉而北上圍攻的黎波里。該地於雷蒙死後的第四年方告陷落，成為第四個拉丁人王國的首都。該王國的正式名稱是「的黎波里伯國」(County of Tripoli)。安提阿、的黎波里和愛德沙的統治者名義上皆向耶路撒冷的統治者效忠。包德溫二世於 1118–1131 年統治耶路撒冷王國，此時拉丁人可謂是到達最成功的時期。然而，實際上，除了北方和南方外，他們的有效統治只限於沿海基督徒所居的狹長地帶。內陸的大城如阿勒坡、哈瑪、合姆斯、巴貝克和大馬士革仍是回教徒的天下。即便是在耶路撒冷及其他所占領城

圖 25：十字軍東
征期間建立的要
塞　此為合姆斯
與地中海間的十
字軍要塞。

市，十字軍皆處於少數。它所建立的王國必須要依靠本國的不斷補充，
方可維持。

　　十字軍初期的成功，部分原因是敘利亞分為若干弱小而相互敵對
的省。其中有些急於和十字軍友好結盟。然而，此種分裂的情形逐漸
改變。1128 年摩蘇爾的張紀 (Imad-al-Din Zengi) 次第兼併阿勒坡、哈
瑪、合姆斯和巴貝克。1144 年他攻取了愛德沙。回教徒的攻勢引發了
第二次的十字軍運動。

第六節　阿育布王朝

　　第二次的十字軍東征由法國路易七世和德國的康拉德三世率領，
但是慘敗。張紀的兒子努爾丁·馬穆德 (Nur-al-Din Mahmud) 於 1154
年奪取了大馬士革，使得張紀王朝的領土由摩蘇爾延伸至豪然高原。
馬穆德深知法蒂瑪王朝勢力已衰，而耶路撒冷王國已處於不利地位，
因而派遣其將領謝酷 (Shirkuh) 至埃及。謝酷是庫德人，非常能幹，於
1169 年利用外交和軍事手段，勸使法蒂瑪哈里發任命他為「大臣」
(Vizier)。他被冊封為大臣後兩個月去世，其封號由其姪薩拉丁·尤塞
夫·阿育布 (Salah-al-Din Yusuf Ibn-Ayyub) 承襲，開啟了阿育布

❶其義是「信仰的正直，約伯的約瑟夫之子」(rectitude of the faith, Joseph son of Job)。他就是通稱的薩拉丁 (Saladin)。

(Ayyubid) 王朝❶。

薩拉丁於 1138 年生於幼發拉底河的塔克里特 (Takrit) 的庫德人農家，一歲多時父親被張紀任命為總兵，而隨家遷至巴貝克。薩拉丁年輕時，即為了三項目標而從事軍旅生涯。三項目標分別是：以遜尼派取代什葉派在埃及的統治；統一埃及和敘利亞；與拉丁人或通稱的法蘭克人 (Franks) 進行聖戰。

第一項目標，很輕易的實現。法蒂瑪的哈里發於 1171 年病危。薩拉丁以大臣的身分下令星期五的祈禱中改以當時阿巴斯哈里發之名代替法蒂瑪哈里發之名，從而終結了法蒂瑪王朝。此一重大改變並未引起任何反對。薩拉丁因此成為埃及的唯一統治者。

第二項目標於 1177 年完成。該年敘利亞的統治者馬穆德去世。薩拉丁數次發兵攻打後，取得了敘利亞。

第三項目標亦因而實現。薩拉丁的版圖包括塞然尼卡、漢志、葉門、努比亞 (Nubia) 和敘利亞的大部分地區。阿巴斯王朝應薩拉丁的要求，於 1175 年冊封他為上述地區的統治者。1187 年 7 月 3 日至 4 日，薩拉丁的軍隊與耶路撒冷王國的軍隊激戰於哈亭 (Hattin)。後者為數二萬名的軍隊中，除了少數人之外，或是陣亡、或是被俘、包括耶路撒冷王國的君主蓋伊 (Guy of Lusignan)。耶路撒冷被圍一週後投降。薩拉丁並未如同八十八年前十字軍攻占耶路撒冷時般大肆屠城，反而容許被俘者繳付贖款後，自由離去。耶路撒冷攻陷後，法蘭克人所統治的城市，除了泰爾、的黎波里、安提阿等少數要塞外，紛紛陷落。

第七節　第三次十字軍東征

　　耶路撒冷失陷的消息傳至歐洲後，引發第三次十字軍東征。此次東征包括三位西歐的君主：神聖羅馬帝國的腓特烈‧巴巴羅沙、法國的菲力‧奧古斯都和英國的獅心理查。歷史傳記的描述使得此次聖戰成為理查和薩拉丁兩大英雄之間的激烈而充滿浪漫色彩的鬥爭。

　　腓特烈取道陸路，但是橫渡西里西亞的河流時，不幸滅頂，其追隨者多因而返國。菲力和理查會合蓋伊，圍攻阿克，經過兩年之久，方攻陷之。雙方戰鬥激烈。阿克投降的條件之一是以二十萬金幣贖回守城的軍隊。但是贖金未能於一個月內付出，理查下令屠殺二十七萬俘虜。經過若干次交戰而無法分出勝負之後，雙方於 1192 年 11 月簽訂和約，瓜分巴勒斯坦：自泰爾以南的沿海地區歸拉丁人所有，內陸地區由回教徒統治；而至耶路撒冷朝聖的基督徒不得遭受侵擾。理查因而離開敘利亞，但在返國途中，為歐洲國家統治者扣留為人質，交付贖金後方返回英國。1193 年薩拉丁因病去世，享年五十五歲。薩拉丁的墳墓，位於烏瑪雅清真寺旁，成為大馬士革最受人崇拜的聖地之一。

　　薩拉丁建立的阿育布王朝領土廣大，東自底格里斯河起，西迄尼羅河。薩拉丁去世後，王朝分裂，使得法蘭克人獲得喘息的機會。沙立 (Salih) 於 1244 年奪回耶路撒冷。十字軍內部因內鬨而無力反擊回教徒，甚至十字軍中某些派系勾結回教徒，對付敵對的派系。

第八節　馬木魯克王朝

　　馬木魯克王朝是歷史上最特殊的政權之一。奴隸軍是統治者，而埃及人和敘利亞人皆不得加入奴隸軍。奴隸軍的成員限於來自寒冷地區的中亞高原，成為蘇丹者皆是經過嚴酷的軍事訓練和權力鬥爭之人。

在此種制度下，蘇丹是勇敢善戰、生性兇殘之人。奴隸軍視敘利亞人和埃及人是次等民族，但是敘利亞人和埃及人在文化上比奴隸高出很多。奴隸軍因而任用他們擔任行政工作。

沙立在位時，其禁衛軍皆是俄羅斯和高加索回教徒奴隸出身。這些奴隸軍（即馬木魯克）在阿育布王朝形成「軍事寡頭政治」。當奴隸軍的領袖死後，其子常不能繼承父業，繼承者必須是有軍功之奴隸。因此昨日的奴隸可能是今日的將軍和明日的蘇丹。奴隸軍的貢獻是清除十字軍在敘利亞的殘餘勢力，並且抗阻了蒙古人的入侵。但是敘利亞成為奴隸軍和蒙古軍隊的戰場。

沙立於 1249 年去世，其妻夏雅 (Shajar-al-Dun) 自立為統治者，並且為了鎮壓阿育布家族的反對，而與奴隸軍總司令埃巴克 (Aybak) 結婚。埃巴克成為蘇丹，是第一位奴隸軍蘇丹。1257 年，夏雅因懷疑埃巴克準備另娶新人，而將之殺死，但是本人亦為埃巴克的手下所殺。

1260 年，成吉思汗之孫胡拉古 (Hulagu) 率軍攻入敘利亞北部，大肆破壞。第四位奴隸軍蘇丹拜巴爾斯 (Baybars) 大敗蒙古軍隊，將之逐出敘利亞。他其後攻下安提阿，導致法蘭克人士氣渙散，除了少數軍事要塞之外，十字軍紛紛放棄其據點。拜巴爾斯因而重新將敘利亞合併於埃及。

他是馬木魯克王朝的真正創立者，也是一個偉大的統治者。他開鑿運河、修造港口、成立快速的郵務、修整清真寺，包括聖岩圓頂寺。他在大馬士革的陵廟已成為「阿拉伯學院」(The Arab Academy) 的圖書館，珍藏許多古老的手稿。

1280 年，蒙古人再度入侵，另一位奴隸軍蘇丹郭拉溫 (Qulawun) 以寡敵眾，擊敗入侵者。其子阿希拉夫 (Ashraf) 於 1290 年繼位。次年 5 月 18 日，他攻下阿克。其後陸續攻下泰爾、錫登和貝魯特。十字軍在敘利亞沿海的勢力，僅剩下阿瓦德小島。十字軍堅守該島達十一年之久。至十四世紀初，十字軍東征完全結束。

1299 年，蒙古人三度入侵，蹂躪敘利亞北部，摧毀了大部分大馬

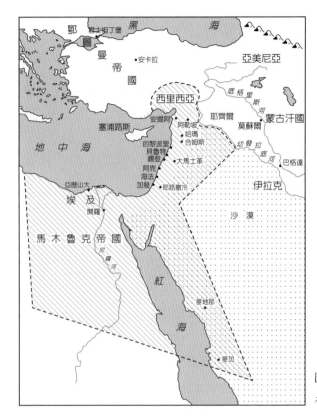

圖 26：極盛時期的馬
木魯克帝國

士革。1303 年埃及軍隊方將蒙古人逐出大馬士革和敘利亞。1400 年 8
月，帖木兒（亦稱帖木蘭。）率蒙古軍攻入敘利亞北部，要求埃及稱臣
進貢。奴隸軍內部意見分歧，未予回應。帖木兒自 10–11 月間，先後
攻陷阿勒坡、哈瑪和大馬士革等大城。每次城破之後，帖木兒軍隊燒
殺姦淫，血流成河，文物建築，蕩然無存。敘利亞遭受空前的摧毀。
奴隸軍因內鬨而無力抵抗，1402 年 7 月迫而稱臣進貢。帖木兒於 1405
年去世，繼位者無意戰爭，其後又因內鬥而勢衰。馬木魯克方免除東
方的威脅。然而北方的鄂圖曼帝國勢力日盛，雙方自 1486 年後經常發
生戰爭。

第九節　十字軍東征的影響

　　十字軍東征雖然充滿浪漫和美麗的事件，但是在智識及文化方面乏善可陳。十字軍時期，回教的文化已趨衰微。法蘭克人的文化程度又不及回教徒。種族之間的敵對和宗教的偏見使得雙方之間無法進行自由交流。然而，十字軍將回教文化介紹到歐洲，對歐洲文化的發展影響很大。

　　法蘭克人在敘利亞學習到許多軍事作戰方面的知識及技巧，包括使用十字弓和厚鎧甲、以飛鴿和烽火傳遞軍情、舉行武士的比賽。甚至雙頭鷹、玫瑰等標記，皆仿自敘利亞軍隊。十字軍在敘利亞最顯著的遺跡是許多建立在山頂的碉堡和教堂。法蘭克人的教堂採用羅馬式和哥德式的風格，但是添加了拜占庭和敘利亞的精神。耶路撒冷的大教堂和聖岩圓頂寺成為英、法、西、德等國許多教堂的模仿對象。

　　十字軍東征加速了歐洲人對地中海東部的貿易。在十二和十三世紀，上述貿易量遠超過羅馬時期。貿易的擴增引發信用狀的交換、銀行和領事的設立。據說歷史上最早的領事是 1180 年熱那亞派駐阿克的領事。

　　敘利亞本是世界商旅的交會之地。法蘭克人在敘利亞認識了當地市場的土產及熱帶產品，包括芝麻、米、檸檬、西瓜、糖和香料等等，並將之引進歐洲。甚至在服裝儀容上，法蘭克人亦多仿效敘利亞人。法蘭克人不僅愛穿敘利亞人的服裝，並且開始蓄鬍子。東方人的必需品，變成了歐洲人的奢侈品。

　　十字軍東征對敘利亞造成很大的災難，城市和港口遭到嚴重的破壞。什葉派、伊斯邁派和努塞爾派等異端教派人數原本超過遜尼派，因為他們協助十字軍東征，以致在十字軍敗退時，遭到遜尼派的報復屠殺，倖存者逃往黎巴嫩中部和貝卡。為了執行焦土政策，奴隸軍有系統的蹂躪黎巴嫩。庫德人和土庫曼人乘機移居原本是什葉派人士的

地區。馬龍派人士亦因協助十字軍而遭報復。許多馬龍派人士因而逃往塞浦路斯。

　　十字軍的東征引發奴隸軍對十字軍的反感，以及對埃及和敘利亞基督徒的歧視。郭拉溫曾發布命令，禁止基督徒出任政府公職。納西爾 (Nasir) 恢復歷史上對基督徒和猶太人在衣服和旅行方面的歧視性法規。反基督教的情緒亦反映於當時的文學作品中。

　　十字軍東征的一項副產品是基督教傳教工作的興起。十字軍的失敗使得一些有識之士認為，以武力驅逐或滅絕回教徒並不可行，而應以和平方法向回教徒傳播基督教教義。十三世紀初方濟會和道明會兩大修道會因而興起，並派遣修道士至敘利亞各城市進行傳教工作。

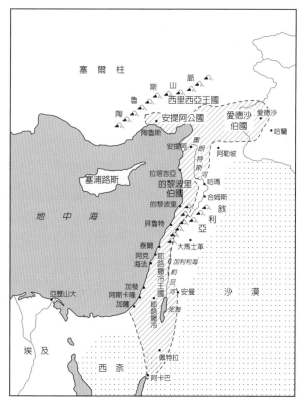

圖 27：十字軍時期的敘利亞

第十章
鄂圖曼帝國時期

第一節　鄂圖曼人征服敘利亞

　　鄂圖曼土耳其人發源於蒙古，後來在中亞與伊朗各部落混合，再向小亞細亞遷移，在那裡逐漸取代並同化了與他們相同血統的塞爾柱人。在十四世紀初期建立了一個王國，最終取代了拜占庭帝國和阿拉伯哈里發帝國。這個王朝的奠基人是奧斯曼 (Othman)，歐洲人誤稱為鄂圖曼 (Ottoman)，鄂圖曼帝國之名也由此而來。帝國的版圖自敘利亞北部延伸至多瑙河。奧斯曼的曾孫巴葉濟德一世 (Bayazid I) 在位時，鄂圖曼國勢大衰，喪失了在亞洲的領土。但巴葉濟德一世之子穆罕默德一世在位時，十年之間光復了失地。到了穆罕默德一世的曾孫巴葉濟德二世在位時，便與當時的馬木魯克 (Mamelukes) 王朝統治下的埃及蘇丹發生了嚴重衝突。雙方在小亞細亞和敘利亞邊境上屢次發生衝突。1516 年，鄂圖曼統治者塞里木一世 (Salim I) 進攻敘利亞。雙方在阿勒坡以北的草原交戰，馬木魯克王朝軍隊士氣渙散，一敗塗地。當時的土耳其人已使用火藥，而埃及—敘利亞聯軍仍使用舊式武器。因此，塞里木一世順利進入阿勒坡，人民視之如救星。當年 10 月，他進

攻大馬士革，那裡的領袖一哄而散，有的投降，有的逃到埃及。於是
敘利亞落入鄂圖曼人之手，被統治長達四百年之久。

塞里木一世征服了敘利亞之後，將敘利亞分成大馬士革、阿勒坡
和的黎波里三個省，每省置總督一人。大馬士革的總督是迦沙里
(Al-Ghazali)。他是有叛逆紀錄之人，並不以總督為滿足。當 1520 年塞
里木一世去世，迦沙里宣布獨立，用自己的名義鑄造貨幣，並且勸誘
阿勒坡總督哈伊爾 (Khair Bey) 照做。但是塞里木一世之子蘇萊曼一世
(Sulayman I) 行動迅速，率領土耳其禁衛軍殺死迦沙里，摧毀了叛變，
並破壞了大馬士革及其郊區的大部分地區。

第二節　敘利亞的衰落

土耳其派駐大馬士革的總督一個接一個迅速更換。1517–1697 年
的一百八十年間，大馬士革省的總督總共換了一百三十三位。阿勒坡
居民曾在三年之內，看到九個不同的總督。這些官吏大多數是用錢來
購買官職，因而將官位當作是發財致富和取得榮譽的手段。鄂圖曼帝
國政府也視而不見。在敘利亞，老百姓是被放牧的羊群，是供人剪羊
毛和擠羊奶之用。他們依其宗教信仰而被分為若干教派 (millets)。甚至
在敘利亞居留的歐洲人，也被當作教派來對待，須服從本教教長的管
理。敘利亞人民遭受嚴重剝削，無力反抗。土耳其禁衛軍的暴虐更使
他們不敢反抗。以往敘利亞人抗拒統治者的精神蕩然無存。當歐洲人
民脫離中古黑暗時期後，敘利亞人民反而陷入比以往更黑暗的時期。
多位蘇丹曾為改善老百姓的狀況而努力，但實際效果等於零。所有改
革都以失敗告終。

自從被鄂圖曼占領後，敘利亞在經濟上不斷衰落，但這並不能完
全歸咎於鄂圖曼帝國。事實上，自 1492 年葡萄牙人繞過好望角到達印
度之後，國際商業的道路就從阿拉伯東方轉變方向，葡萄牙人取代了
阿拉伯人和敘利亞人作為東西貿易經紀人的地位。中國和印度的產品

由大型船隻載運，經由好望角到達歐洲。敘利亞失去了東西貿易樞紐的地位。一直到三百五十多年後，地中海才再度恢復成為國際商業大道的地位。因為此時穆罕默德・阿里的繼承人伊斯邁 (Ismail) 在 1869 年開鑿了蘇伊士運河。但是敘利亞的經濟並未因而恢復繁榮。

在鄂圖曼統治敘利亞的第一個一百年內，敘利亞商人發展了陸路商業，阿勒坡成了連接伊拉克、波斯和印度的商業道路終點。阿勒坡逐漸有了幾個歐洲僑民的居住區，最早的是威尼斯人的居住區。根據 1535 年蘇萊曼一世應許法蘭西斯一世的條件，以及 1740 年穆罕默德一世和路易十五所簽訂的條約，法國人把所有在鄂圖曼帝國的基督教徒，都置於自己的保護之下。法國人的住宅和工廠不久就遍布敘利亞其他城鎮。英國商人跟著也到了敘利亞。他們皆企圖滿足西方人對於東方奢侈品和產品的需要。在回教徒看來，所有的外國人都是低級民族。緊跟在歐洲商人後面的，就是歐洲的傳教士、教師、旅行家、冒險家等。基督教的傳教活動，主要是由耶穌會 (Jesuit)、加普教會 (Capuchin)、拉札爾教會 (Lazarist) 等推動。結果是在十七世紀和十八世紀建立了希臘各教會。這些教會分成兩類：敘利亞教會（在儀式中使用敘利亞語）和希臘教會（在儀式中使用希臘語）。

第三節 法赫丁家族的興衰

黎巴嫩山區用兵不易，當地人民不易管理。因此，鄂圖曼帝國對黎巴嫩採取間接統治。塞里木一世承認馬尼 (Mani) 家族的法赫丁 (Fakhr al-Din) 為黎巴嫩的最高行政首長。土耳其蘇丹並不關切誰治理黎巴嫩，只要他能按時進貢，維持治安，且不與外國勾結。

法赫丁之孫——法赫丁二世，自 1590 年到 1635 年統治黎巴嫩。在其統治期間，馬尼家族的勢力達到巔峰。他胸懷三個大志：一是建立一個更大的黎巴嫩；二是切斷黎巴嫩與土耳其帝國的一切聯繫；三是使黎巴嫩走上進步的道路。他幾乎實現了全部的願望。他統治的領

土包括現今的黎巴嫩、部分以色列和約旦的領土。1608 年他與托斯卡尼 (Tuscany) 大公費迪南一世 (Ferdinand I) 簽訂條約，包括一項針對鄂圖曼帝國的祕密軍事條款。土耳其蘇丹因此派兵征討法赫丁二世，以求終結其自帝國分離和擴張勢力的政策。法赫丁二世不願對抗，自行引退出國，其後返國重建其統治地位。1624 年，蘇丹承認法赫丁為鄂圖曼宗主權下，北起阿勒坡南迄埃及邊界領土的統治者。

法赫丁引進義大利的技術和專家，改良農田水利，採用先進的耕種及畜牧方法，與歐洲傳教士維持友好關係，允許他們在其境內設立學校。他促成黎巴嫩的安定與繁榮。但是其軍力增強，與歐洲國家之交往，再度引起蘇丹之猜疑。1633 年，大馬士革的總督派遣大軍討伐法赫丁。他在外援不濟、部下潰散後，與其三個兒子被囚送至君士坦丁堡，並於 1635 年被處斬。馬尼家族敗亡後，黎巴嫩的貴族開始選舉什哈比 (Shihabi) 家族取而代之。什哈比家族統治黎巴嫩，到 1941 年方告終止。

第四節　札希爾與阿邁德

十八世紀時，鄂圖曼帝國迅速衰弱，導致各地追求獨立的領袖人數逐漸增加。巴勒斯坦的札希爾 (Zahir al-Umar) 即是其中之一。他是一個貝多因人。1737 年他擔任巴勒斯坦的總督，大力推動對外貿易，整頓治安，提倡農業，對基督徒的臣民採取寬容政策，並且充分履行對蘇丹朝貢進賦的義務。

札希爾覺得大局穩定後，便與埃及的阿里締結盟約。當時鄂圖曼帝國正與俄國苦戰，俄國的戰艦在地中海演習。札希爾取得俄國的合作，於 1772 年占領黎巴嫩的錫登。三年之後，黎巴嫩的最高首長什哈比與大馬士革總督結盟，並率領從君士坦丁堡來的一支分遣隊，進攻札希爾的首府阿克。在圍城的時候，札希爾被叛變的手下所殺。在包圍錫登的敘利亞軍隊中，有一個名叫阿邁德 (Ahmed al-Jazzar) 的小軍

官。他後來繼承了札希爾的職位，扮演了更為戲劇性的角色。

阿邁德本來是波斯尼亞的基督教徒，因犯了強姦罪而逃到君士坦丁堡。他在那裡把自己賣給一個猶太教的奴隸販子，被運到開羅，賣給了當時埃及的統治者阿里。他後來從埃及逃到敘利亞，在錫登對札希爾作戰時立了戰功，被任命為錫登的長官。他逐漸擴張自己的勢力，向北入侵黎巴嫩，向南入侵巴勒斯坦，出任該地的總督。他建立了兩支軍隊，一支是由波斯尼亞人和阿爾巴尼亞人組成的騎兵軍團，另一支則是由馬格里布人組成的步兵軍團。他想盡辦法來加強阿克的工事，並在錫登組成了一支小型艦隊。1780 年，鄂圖曼帝國為了方便統治，便把大馬士革總督之職賞給阿邁德，使他成為真正的敘利亞和黎巴嫩的仲裁人。他雖然名義上承認鄂圖曼帝國的宗主權，但卻肆無忌憚地把塞里木三世派來的欽差大臣處死。他於 1799 年在英國海軍的協助下，成功的擊退了拿破崙對阿克的進攻。他對付敵人和嫌疑犯時，毫不手軟，以致贏得屠夫之惡名。

阿邁德曾支持伯什爾二世 (Bashir II al-Shihabi) 擔任黎巴嫩總督。後者在拿破崙入侵之時未能馳援阿克，因而引起阿邁德的不滿。加以黎巴嫩反對勢力仍大，1799 年，伯什爾不得不乘一艘英國軍艦逃到塞浦路斯島。數月之後，他重返黎巴嫩，鞏固其政權，對土耳其採取友好政策，協助土耳其對抗內志的叛軍。其後他捲入大馬士革與的黎波里總督間的爭端中，於是被迫在 1821 年逃到埃及。他在埃及時與埃及總督穆罕默德‧阿里 (Muhammed Ali) 成為朋友。

第五節　伊布拉欣統治敘利亞

1831 年，阿里派其子伊布拉欣 (Ibrahim) 率領埃及軍隊進攻敘利亞。他們發現伯什爾與其部下都是現成的同盟者。伊布拉欣在占領雅法和耶路撒冷之後，圍攻阿克。黎巴嫩人幫助伊布拉欣猛攻這座城市。在攻下大馬士革的時候，黎巴嫩的德魯茲派教徒也出了很大的力。埃

及遠征軍接著打垮了駐防於合姆斯的土耳其軍隊，於是通往小亞細亞和君士坦丁堡的道路就暢通了。埃及軍隊的勝利引起國際上的關切。各國因而對阿里施壓，埃及遠征軍的勝利被迫停止。

起初伊布拉欣為了討好敘利亞人民，尤其是基督教徒，而努力建立安全和秩序，推行社會改良。但是後來基督教徒的地位並沒有獲得顯著的改善。他也遵照父親的指示，把賦稅提高了兩倍多，對於絲綢和其他土產，則援用埃及的先例，進行國家專賣。他更堅持解除人民的武裝，並實行徵兵制。徵兵制在敘利亞人心目中，尤其在黎巴嫩人的心目中，是最侮辱人的制度。於是在 1834 年，巴勒斯坦開始起義，並蔓延到敘利亞全境。1840 年 6 月 8 日，黎巴嫩的起義者發表宣言，列舉埋怨的各種原因，就把解除武裝和徵兵制度放在首要地位。由於黎巴嫩封建領主與埃及總督阿里之間的友誼，黎巴嫩獲得了特殊的待遇。鄂圖曼帝國的蘇丹想要消滅阿里的叛變，於 1839 年又派軍攻打敘利亞，結果卻在敘利亞北部遭到殲滅。但是列強再次干涉，迫使阿里於 1840 年 11 月 22 日從敘利亞撤軍。伊布拉欣於 12 月 29 日從大馬士革動身，取道加薩返回埃及。

第六節　敘利亞的文化發展

在鄂圖曼帝國統治之下，阿拉伯各國當時的政治與經濟情況，實在不能希望看到什麼高水準的著作，但弊病卻是根深蒂固的了。在鄂圖曼帝國來臨前的好幾個世紀，回教創造的火花早已熄滅了。十三世紀開始是經院神學的全盛時期。在精神領域中，正統派和神祕派占了優勢。科學精神衰退，不加批判地尊崇古人之風大盛，墨守成規。這一切都不利於學術研究與創作。束縛阿拉伯人的這些桎梏，直到十九世紀才在西方影響下開始逐漸解除。

1831–1840 年埃及占領敘利亞期間，是敘利亞歷史上一件劃時代的大事。伊布拉欣徹底摧毀了「大封建主」的勢力，徵收了正式的賦

圖 28：巴貝克神殿
巴貝克在敘利亞文化
上占有重要的地位。

稅，並承認非回教徒在政府機關任職的權利。他與歷代蘇丹不同，在
1839 年發表一份宣言，宣布一切教派在法律上一律平等。大馬士革和
薩法德的回教徒反對這項宣言，他就揮兵相向。在他發表這個宣言之
前四年，英國領事騎著馬進大馬士革城的時候，必須由衛兵嚴密護衛
著。但在宣言發表之後次年，他就可以不帶衛兵而到處遊覽了。

　　宗教的寬大政策吸引了大量的歐美人士前來敘利亞。1773 年被教
皇停止的耶穌會的傳教活動也恢復了。英美的新教傳教士在黎巴嫩的
土地上建立了堅固的據點。1838 年，敘利亞新教教會正式成立。美國
考古學家魯賓遜 (E. Robinson) 也在該年對巴勒斯坦進行了一次調查。
這是一連串考古大事的發端，導致其後把這個地區無價的歷史寶藏加
以發掘、解釋並公諸於世。耶穌會的天主教印刷廠在 1853 年於貝魯特
建立，成為西亞有名的阿拉伯語印刷廠。現代阿拉伯語的《聖經》譯
本，也是由它印刷。敘利亞的第一所阿拉伯語印刷廠早在 1702 年即由
一批基督教徒在阿勒坡設立。但是回教徒的保守主義，使這方面的印
刷業遲遲不得展開。

　　美國傳教士於 1866 年在貝魯特創立了敘利亞的新教學院，即現在
的貝魯特美國大學。到了 1874 年又建立了聖約瑟大學。貝魯特美國女
子學校建立於 1830 年，比貝魯特美國大學更早。拉札爾教會傳教士在

1755 年就已在大馬士革開始活動，在大約二十年後創辦了一所男子小學。這是大馬士革至今為止最古老的現代學校。這些學校比當時任何現代化的公立學校更先進，而且被當作後來公立與私立學校的楷模。直到現在，外語的學習仍很受到重視，法語或英語則是高等學校與專門學校的專門語言科目。學校的教職員都享受特權，包括靠治外法權得到保護。

仿效西方的學校、印刷廠、報紙、雜誌與文學會等，紛紛在敘利亞境內出現。1858 年，胡列 (Khalil al-Khuri) 在貝魯特創辦了《新聞果園》，於是敘利亞也有了自己的報紙。十二年後布斯塔尼 (Butrus al-Bustani) 在貝魯特創辦了一種政治、科學與文學的雙週刊《花園》。他是當地一所學校的負責人，與美國傳教士們合作。他也創辦了其他期刊。他給自己新刊物的題詞很有意思：「愛國心是信仰的一個項目」，這是阿拉伯語中的新觀念。他自 1876 年開始出版阿拉伯語百科全書，而且親自完成了前六冊。這位基督教學者的著作還包括一部字典和幾種關於教學和語法的書。這些著作為激發阿拉伯民族意識和推動阿拉伯民族運動鋪平了道路。在阿拉伯各國中，黎巴嫩是文化最普及的國家，這主要是由於外國學校與私立學校的努力，公立學校這方面的成績則不太理想。黎巴嫩和其他阿拉伯國家一樣肯接受西方文化的原因在於，東西方文化在某些重要方面雖然不相同，但卻屬於同一個主流。歐洲文明和近東文明，共同分享了一份猶太教、基督教和希臘羅馬的公共遺產。從最早的年代開始，雙方就一直保持著社會和商務接觸，雖然接近的程度常有變化。到了十四世紀時，東方與西方的差別是人為的，而不是真實的。直到十六世紀，鄂圖曼帝國興起，東方和西方才開始分道揚鑣。西方利用了科學方法並輔以實驗，發展了技術知識並取得控制大自然的重要成就，與此同時，東方仍然忽視這一切。十八世紀末，雙方背馳已達到了極端，於是又開始重新會合。

第七節　黎巴嫩各教派的自治

　　鄂圖曼帝國經過黎巴嫩的數度叛亂後，深覺若要控制黎巴嫩，唯一的辦法是在馬龍派和德魯茲派間煽動鬥爭。伯什爾統治黎巴嫩時，仍遵循法赫丁的方式。在這兩個教派之中所持的中線是黨派的路線，而非宗教的路線。因此黎巴嫩內戰頻仍，但都是封建勢力的戰爭，而非宗教性的戰爭。土耳其人使用古羅馬人的統治手法，採取分而治之的政策。平民對於封建貴族政治心懷不滿。在北方的黎巴嫩農民受了牧師的慫恿，於 1858 年發動暴動，反對地方領主，甚至計畫平分領主的大量財產。

　　德魯茲派教徒和馬龍派教徒因為土耳其帝國的挑撥離間而發生了許多衝突。這些衝突開始於 1841 年，而以 1860 年的大屠殺為結束。該次大屠殺中，大約有一萬一千個基督教徒（大半是馬龍派教徒）死於動亂，有一百五十個鄉村曾遭焚毀。這次屠殺引起歐洲人的干涉和法國軍隊對黎巴嫩的占領。1861 年，蘇丹下令，准許信奉基督教的總督統治黎巴嫩，各教派享有自治。總督每五年更換一次，由土耳其蘇丹任命。土耳其軍隊不駐紮黎巴嫩。黎巴嫩人民不向君士坦丁堡繳納年貢，亦不服帝國兵役。

　　黎巴嫩在總督和民選政務委員的領導下繁榮起來，鄰近諸省望塵莫及。黎巴嫩被認為是土耳其各省實施民族自治的「最有用的範例」。黎巴嫩的治安、社會生活和政治生活的標準，都超過鄂圖曼帝國任何一省。黎巴嫩的民族自治持續到第一次世界大戰才被土耳其人摧毀。

Syria

第 III 篇
邁向國際的敘利亞

第十一章
敘利亞的獨立之路

第一節　阿拉伯的統一失敗

1908 年 7 月，鄂圖曼帝國的年輕軍官發動叛變，在青年土耳其黨 (Young Turks) 的領導下，推翻了哈米德 (Abd-al-Hamid) 蘇丹的殘暴統治。青年土耳其黨本名為「聯合與進步委員會」(Committee of Union and Progress)，是由學生和一群年輕的改革者早幾年於日內瓦成立的組織，其目標是建立一個立憲的政府，以及民選的議會。當時狡猾的哈米德接受改革派的主張，恢復了 1876 年第一次君主立憲的議會，並下令廢除偵防和檢查的規定，釋放政治犯。然而哈米德並非真心贊成民主政治，因而於 1909 年 4 月密謀反革命行動，但是事跡敗露，被迫退位。

其弟拉夏德 (M. Rashad) 繼位，但是實權掌握在青年土耳其黨三人軍事執政團的手中。新政權宣布了中央集權的政策，欲將整個帝國土耳其化，壓制非土耳其的民族主義運動。此等政策使得帝國內部的分裂主義者和地方分權主義者走入地下，而其中當然包括了阿拉伯民族主義團體。可是由於土耳其的強力鎮壓，使得該等團體間的聯絡遭遇困難，況且彼此的目標也不盡相同❶，因而整個運動缺乏有效的整合。

❶ 例如由二十四位來自敘利亞、伊拉克和黎巴嫩的代表所組成的「阿拉伯會議」(Arab Congress) 只主張家園統治 (home rule)，並要求承認阿拉伯語為官方語言。可是敘利亞、巴勒斯坦和黎巴嫩學生及移民所組成的「青年阿拉伯社」(Young Arab Society) 的目標卻是一個獨立於土耳其外的阿拉伯國家。

1914 年第一次世界大戰爆發，鄂圖曼帝國與德、奧兩國締盟。三人執政中的賈瑪爾 (J. Pasha)，就任敘利亞─黎巴嫩─巴勒斯坦地區的總督兼總司令。敘利亞和黎巴嫩兩地不滿土耳其的統治，黎巴嫩更有親法國的傾向。賈瑪爾上任後，開始了一連串殘忍的統治，對民族主義分子大力鎮壓，或是放逐國外，或是處以死刑。任何人涉嫌參加反抗土耳其統治和主張阿拉伯獨立建國者，皆依軍法處死。該年 5 月 6 日，賈瑪爾在貝魯特處死十四名回教徒和基督徒，並在大馬士革處死七名回教徒和基督徒。該日因而成為兩地的「烈士紀念日」。賈瑪爾為了攻打蘇伊士運河，於是徵調民兵以及軍糧，可是當地又遭到蝗災，以及傷寒、瘧疾等流行傳染病的蔓延，使得民不聊生，民心更加潰散。

第一次世界大戰期間，英國為了牽制土耳其對德國的支持，積極鼓勵阿拉伯人叛離鄂圖曼帝國而獨立建國。漢志大酋長胡笙 (Hussen Ibn Ali) 代表阿拉伯人，與英國的駐埃及高級專員麥克馬洪 (H. McMahon) 於 1915 年 10 月以互換信件方式達成協議，英國同意支持阿拉伯人建立包括阿拉伯半島、約旦河兩岸和敘利亞等地在內的獨立國家，阿拉伯國家則支持英國對抗鄂圖曼帝國。1916 年 6 月，胡笙在其兩個兒子費沙爾 (Faysal) 和阿布都拉 (Abdulla) 的慫恿下發動叛變，宣布漢志脫離鄂圖曼獨立，並自稱為阿拉伯國王。

然而，1916 年 5 月，英、法兩國祕密簽訂〈賽克斯皮可協定〉(Sykes-Picot Agreement)，劃分兩國在肥沃月彎的勢力範圍。英國顯然違背對胡笙的承諾。英國為了拉攏猶太人，並製造猶太人對德、鄂帝國的不滿，於 1917 年 11 月 2 日，由英國外相巴爾福 (Lord Balfour)

圖29：費沙爾　他是漢志大酋長胡笙的長子，率軍與英軍聯手打敗土耳其的軍隊，攻下大馬士革，被敘利亞人擁立為王，其後法軍迫之出亡。

發表聲明贊同猶太人重建祖國。七日後，英、法兩國發表聯合宣言，依循著威爾遜主義，支持鄂圖曼帝國壓迫下人民自決，建立民族國家。總之，英國基於私利和戰略考量，對有關各方做了相互矛盾的承諾。

　　在第一次世界大戰之前，雖然有少數學生和軍官，祕密結社，鼓吹阿拉伯民族主義，要求脫離土耳其帝國而獨立為一個國家，但是百分之八十的阿拉伯人皆是文盲，根本不了解民族主義是何物。他們只知道鄂圖曼帝國是統治他們的政府。他們或會武力抗拒徵稅，但是並非出於民族主義或政治動機。胡笙叛變對土耳其帝國影響重大，因為他是先知穆罕默德的後裔，從而使得土耳其蘇丹要求回教徒對抗基督教徒的呼籲失去效果。

　　胡笙派遣費沙爾與英軍並肩作戰，打敗土耳其軍隊，於1918年10月26日攻下大馬士革。敘利亞人擁立費沙爾為國王。在英軍的支持下，費沙爾成為實際上的立憲君主。

　　1919年1月，第一次世界大戰的戰勝國在法國凡爾賽召開和會。費沙爾在會中提出阿拉伯人的主張，要求實現民族自決的承諾，建立阿拉伯國家。7月，代表敘利亞、黎巴嫩、巴勒斯坦和外約旦的人士在大馬士革召開和會，通過決議，提出下列要求：

㈠包括巴勒斯坦在內的敘利亞，應獲承認為主權國家，而以費沙爾為國王；

㈡〈賽克斯皮可協定〉和〈巴爾福宣言〉應予作廢；

㈢拒絕接受委任統治，但是會接受美國或英國的協助；

㈣拒絕接受任何形式的法國協助。

和會中大國意見不一，最後僅同意派遣一個委員會前往調查。然而後來僅美國派出調查團，英、法兩國並未採取行動。美國的調查報告顯示，敘利亞人一致要求獨立，願由美、英協助，但反對法國介入；黎巴嫩要求成為獨立於敘利亞之外的國家，希望法國的協助；對巴勒斯坦，調查團建議應更改猶太復國的計畫、放棄建立一個猶太國家。1920 年聖萊姆 (San Remo) 會議決定將鄂圖曼帝國的阿拉伯屬地劃為甲級委任統治地，法國取得敘利亞和黎巴嫩的委任統治權，英國則取得伊拉克和巴勒斯坦的委任統治權。至此阿拉伯一統的願望宣告破滅。四個月後，鄂圖曼帝國簽訂〈色佛爾 (Sevres) 條約〉，宣布放棄對阿拉伯人的統治權。後來此區分為敘利亞、伊拉克、黎巴嫩以及巴勒斯坦四個委任統治地。委任統治的理由，是該等地區的人民尚無法自行獨立。其實還是英、法兩國欲據為己有，可是礙於美國民族自決的主張，而不能公然作為殖民地。

戰後，費沙爾成為敘利亞精神的象徵。1920 年 6 月初他從歐洲訪問歸來，體認到英、法兩國無意讓敘利亞獨立，所以接受了法國總理克里蒙梭 (G. Clemenceau) 在處理行政、財政和技術方面的協助。然而在大馬士革，激進的敘利亞國會卻否決了這項安排，而逕行宣告費沙爾為統治「大敘利亞」(Expanded Syria) 的國王，統治「從陶魯斯到西奈的自然疆域」。於是法國委任統治當局向費沙爾下最後通牒，要求他接受委任統治的權威，法國軍隊開抵大馬士革。7 月 25 日法軍攻下大馬士革，控制了敘利亞。費沙爾被迫出亡英國，最後在英國的安排下出任伊拉克國王。9 月 1 日，大黎巴嫩 (Greater Lebanon) 在法國總督古饒 (Henri Gouraud) 的宣告下正式成立。

在黎巴嫩，德魯茲派教徒於 7 月 20 日起而反抗法國，但是未能獲得敘利亞其他地區的支援而告失敗，但是反抗行動持續進行至 1926 年夏天。敘利亞人在政治上一直反對法國的統治，但是除了偶爾出現罷工及街頭示威外，並未訴諸暴力。

圖 30：1920 年 7 月 25 日法軍攻入敘利亞，強迫敘利亞人接受其委任統治。

第二節　法國的委任統治

此時敘利亞的情況可謂是百廢待舉。委任統治當局對於現代基本設施付之闕如的敘利亞開始進行造橋鋪路，設立衛生單位、學校等等。敘利亞與黎巴嫩建立關稅同盟。然而對於當地人民來說，法國的委任統治與殖民統治名義上有別，實際上並無不同。法國的控制比土耳其更直接亦更令人討厭。法國所派治理敘利亞的前三任專員皆是軍事將領，身兼駐黎巴嫩的高級專員與總司令，而且委任統治當局的成員多是過去法國在其他殖民地的官員。敘利亞民族主義者與法國委任統治當局數度試圖妥協，皆告失敗。1928 年立憲大會的憲法草案遭到當局的駁回，而最後的憲章，也是由當局來擬定。當局的憲法給予了宗教和區域性的分裂運動無比的能量，因為它實施了「分而治之」的辦法，

圖 31：第二次世界大戰前夕
的敘利亞和黎巴嫩

將敘利亞分為四個區域：即大馬士革、阿勒坡、位於豪然高原的德魯茲地區、以及以拉塔吉亞為中心的阿拉威地區。

　　法國壓制當地的民族主義分子，推行法語以及法國文化，因而更增強當地的反抗聲浪。限制人身自由的措施終於帶來一連串的罷工與暴亂。1925 年從德魯茲開始點燃的暴亂，隨即蔓延至全國各地。1927年秋天，法軍對首都進行轟炸後，動亂才告結束。法國的行徑遭到舉世的譴責。法國更換統治敘利亞的首長，改由非軍方人士接任，然其與敘利亞人民的談判仍舊沒有交集。1月，敘利亞民族主義者在首都集會，除了譴責法國當局外，還發表了一份〈泛阿拉伯宣言〉(Pan-Arab

圖 32：第一次世界大戰後，敘利亞成為法國的委任統治地　敘利亞並不滿意法國的統治。1936 年雙方簽訂條約，改善彼此的關係。

manifesto)。

　　1930 年代，敘利亞對法國的憎恨更為加深，因為法國違背國聯委任統治的約定，破壞敘利亞的領土完整。土耳其人在亞歷山大里塔省是少數民族，法國為了拉攏土耳其，以便因應逐漸浮現的德國威脅，先是允許土耳其在該地享有特權，1939 年更將該地割讓給土耳其。敘利亞因而喪失安提阿與亞歷山大里塔兩大名城所屬的省。

　　二次大戰開始後，德國的文宣傳入敘境，結果並未受到敘利亞人的排斥。法國擔心民心思變，積極地加強管制，引起人民的不滿與猜忌。1939 年委任統治當局的首長普奧 (G. Puaux) 逕行廢止了 1936 年持續在協商的〈法、敘條約〉，接著更進一步加強管制，宣布戒嚴令。不久，法國戰敗，普奧宣布效忠維琪政府 (Vichy government)。戴高樂將軍 (General de Gaulle) 領導自由法國繼續抵抗德國。英國與自由法國的軍隊於 1941 年 6 月 8 日進攻敘利亞與黎巴嫩，迫使維琪政府的軍隊投降，阻止德國控制兩地。為了換取英國同意將敘利亞和黎巴嫩交由自由法國管理，自由法國軍隊總司令卡脫將軍 (General Catoux) 於 5 月 27 日向敘利亞人宣布，其軍事行動的目的是結束法國的委任統治。9 月 16 日，卡脫將軍正式宣告敘利亞的獨立。但是直到 1943 年 8 月新的議會選出庫瓦特力 (Shukri al-Quwatli) 為共和國總統後，敘利亞才算有象

徵性的獨立。戰爭結束後，法國與敘利亞於 1945 年 5 月恢復談判。然而，法、敘兩國不久即發生爭端，使得談判進度緩慢。爭端包括敘、黎兩國的關稅同盟，法國在敘、黎兩國徵集的軍人等。法國要求與敘利亞簽訂享有特權的條約。敘利亞斷然拒絕，亦反對法國再派軍隊進入敘利亞，並且與法國斷交。5 月 30 日，大馬士革發生巷戰。法國在敘利亞的占領軍重採十八年前的作法，砲轟大馬士革，欲迫使敘利亞就範。當天正逢聯合國制憲會議在舊金山舉行。各國代表對法國的軍事行動，咸表震驚。戰後，英國勢力控制了中東，英軍的干涉恢復了敘境的秩序。1945 年 3 月 22 日敘利亞已成為阿拉伯聯盟 (The Arab League) 的創始會員國，同年 4 月 12 日，敘、黎兩國亦已加入聯合國，等於國際社會承認法國委任統治的結束。在聯合國的壓力下，法國於 1946 年 4 月 17 日自敘利亞和黎巴嫩撤出軍隊。敘利亞方真正完成獨立。

第十二章
獨立後的敘利亞

第一節　獨立後內外困境

　　1946 年 4 月 17 日，敘利亞終於完全脫離了法國的託管而獲得獨立，但是敘利亞前面的道路仍然崎嶇。對外方面，敘利亞可以說是四面楚歌，馬上面臨到各方的考驗：㈠向西：敘國和黎巴嫩可說是姊妹國，過去共享的利益，例如關稅以及疆界等都必須在獨立後有一清楚的界定。㈡向北：敘利亞希望能與土耳其解決亞歷山大里塔省 (Sanjaq of Alexandretta) 的問題。㈢向東：伊拉克是肥沃月彎計畫的發起者，而其王室是費沙爾的後代，作為號召阿拉伯一統的力量有其正當性，這使得剛獨立的敘利亞飽受威脅。㈣向南：約旦國王阿不都拉 (Abdullah) 也有相同的計畫。他一直希望以敘利亞一巴勒斯坦一帶為中心，成立一個泛阿拉伯國家，而這同樣也造成敘利亞的困擾。

　　敘利亞政府在對內方面有兩大頭痛的問題。一個是敘利亞民族主義黨（Syrian Nationalist Party，簡稱敘民黨），另一個則是猶太復國運動。極權式的敘民黨是由黎巴嫩的基督徒沙德 (Antun Sa'adih) 所創。他認為敘利亞的國格與阿拉伯主義無關，而黎巴嫩應包含在敘國的領

域之內。他所傳播的敘利亞民族主義，並非是他的創見。事實上，當時敘利亞社會普遍存有這樣的思想，而沙德的使命就是要重新建立這個存在歷史上而且以自然邊境與鄰國為界的大敘利亞。

一、敘利亞民族主義的主張

沙德倡導的敘利亞民族主義第一個原則就是「敘利亞是屬於敘利亞人的，而敘利亞人是一支完整的民族」。換言之，從過去到現在，敘利亞人不屬於阿拉伯民族。他們是獨特的，而敘利亞是敘利亞民族的故鄉。所以，敘利亞人不代表其他民族發言，因為敘利亞人唯一關心的是他們的民族以及鄉土。敘利亞的利益高於其他的利益。

接下來，我們將沙德的思想對應到其敘利亞民族主義上。首先，在沙德的眼中，敘利亞民族可以追溯到史前時代，透過歷史各民族的融合，造就出今天的敘利亞民族。在沙德的認知中，自第七世紀入主敘利亞的阿拉伯民族不包括在敘利亞民族之內，這些敘利亞民族的組成包括了迦南人、迦勒底人、亞述人、亞蘭人以及赫堤人。這是因為沙德深信敘利亞民族的優越性，也因此，即使遭到阿拉伯民族征服，被同化的不是敘利亞人，而是阿拉伯人。

沙德提出的另一原則是，敘利亞的自然疆界應該是北起陶魯斯山，南至蘇伊士運河，東自幼發拉底河，西抵地中海。不過 1947 年後，這個自然疆界再度擴充，變成東方包含整個伊拉克，以及伊朗的札格洛斯山區 (Zagros Mountains)，西方包含塞浦路斯全境。沙德的主張獲得敘利亞許多智識分子的支持，造成敘利亞對外關係的困擾。

二、猶太復國運動

另一方面，猶太的復國運動則更讓新的共和國難以忍受，不僅是因為該運動主張建立的猶太國家將會犧牲到敘利亞現有的領土，也因為敘利亞政府本來就對該運動充滿反感和厭惡。猶太復國主義是敘利亞當時最亟待解決的問題。猶太人不斷從外地移入巴勒斯坦，使得巴

勒斯坦情況失控。1947 年 11 月 29 日聯合國通過巴勒斯坦分治計畫，引發以阿武裝衝突。1948 年 5 月 14 日，猶太人宣告建國，稱為以色列，而美、蘇兩國率先承認，使得阿拉伯世界反西方情緒高漲。5 月 15 日，阿拉伯國家的軍隊攻入巴勒斯坦。阿拉伯國家相互猜忌，軍隊訓練不足，武器不精良，彼此之間又缺乏協調和合作，以致為以色列軍隊擊敗。1948 年 12 月起，參戰的阿拉伯國家先後簽訂停戰協定，但是敘利亞是最後簽訂停戰協定的國家。從此以色列成為敘利亞南方的新禍患。

第二節　1949 年的三次政變

對外戰事失利所帶來的屈辱，對內經濟的不振引發民怨，加以敘利亞陸軍軍官亦擔心一旦敘利亞與伊拉克合併，他們在仕途上會處於不利的地位，因而反對合併。此等因素使得敘利亞在 1949 年接連發生三次的軍事政變。

1949 年 3 月 30 日發生不流血政變，陸軍上校柴穆 (Husni al-Zaim) 推翻了原先庫瓦特利 (Quwatli) 政府，強迫庫瓦特利總統提出辭呈。柴穆先任總理、後出任總統，成立反對大敘利亞計畫的政府，並推動一系列的激進改革，包括將選舉權給予有初等教育的婦女、向企業徵收百分之十五的稅收、實施新貿易法、同意美國塔普林公司 (Tapline) 鋪設油管線等等。對外政策方面則是與約旦疏遠，力謀與埃及、法國達成協調。他同時也同意給予敘民黨領袖沙德政治庇護。可是他後來竟將沙德交給黎嫩政府處死，因而引起國內的震撼。緊接著，他自行晉升為陸軍元帥。

8 月 14 日，另一名陸軍上校希那威 (Sami al-Hinnawi) 發動政變，推翻了柴穆政權。柴穆及總理均被處以死刑。新政權由阿塔西 (Hashim Attassi) 出任總統，他曾於 1936–39 年間出任過總統，是一個聲響甚隆的民族主義派領袖。11 月敘利亞舉行大選，人民黨 (People's Party) 獲得國會大多數的席次，籌組政府，該黨傾向與伊拉克聯合，而當時主

圖 33：柴穆上校　1949 年 3 月 30 日發動政變，推翻庫瓦特利政府，自行出任總統。

要反對黨敘民黨也不表反對，一時之間，似乎聯合之計可能達成。然而此時又爆發了第三次的政變。

　　12 月 19 日，席塞克利 (Adib al-Shishakli) 上校——一位曾參與當年巴勒斯坦戰爭的將領，是一個忠貞的人民黨人，推翻了希那威才剛建立的政權，並且宣稱前政權聯絡外國勢力，陰謀破壞共和國政體。陸軍中凡支持敘利亞與伊拉克聯合者，皆遭立即開除。

第三節　席塞克利時期

　　席塞克利上臺後，雖然允許人民選出了總統，但其仍掌握實權。後來，部分議員公開反對陸軍干政，因而導致陸軍再度發動政變。總統被迫辭職，國會亦遭解散，席塞克利因此建立了軍人獨裁政權，不過他並未自行宣布為國家元首。新政府陸續頒布了許多禁令。1952 年，獨裁政府宣布，除了由政權所成立的新政黨以外，所有政黨皆屬非法。1953 年政府頒布新憲法，席塞克利被選為總統。隨後，政黨禁令解除，但是政黨的成立仍有所限制。10 月，全國大選，執政黨大獲全勝，原因是在野政黨均杯葛選舉。

　　另一方面，新政權所面臨的經濟危機更形加重。敘、黎的關稅同盟於 1950 年宣告破裂。這是因為黎國希望自由市場，而敘利亞卻追求一個報復性的關稅政策。黎國於是關閉邊境，不讓敘國物品出口，使

得敘國的經濟雪上加霜。黎國使館給予敘國政治犯政治庇護也造成了黎、敘之間的另一個嚴重摩擦。新政府在與以色列的關係上，則是關注在以國是否有權將其水管工程從胡勒 (Huleh) 湖沼澤區延伸至約旦河流域上游包含兩國非軍事區域地帶。聯合國多次出面調解，可是都沒有令人滿意的解決。再加上英、法、美三國不斷供應以色列武器軍備，使得敘利亞反西方的情愫更為加深。國防預算年年增高，而席塞克利又在國內大力進行長期的灌溉工程，使得經濟一時仍難以復甦。不過其後〈敘黎貿易協定〉的簽訂使得敘利亞暫時得以喘一口氣。

席塞克利的政權並不平穩。國內各黨派對於國家未來的走向意見分歧。主張與伊拉克聯合者與親埃及議員平分秋色，使得政府難以做出決定。1953–1954 年間，國內開始了一連串的罷工、學生示威以及政治動盪。不久北方大城阿勒坡的駐軍宣布叛變，迫使席塞克利辭職下臺。1955 年中，原先被柴穆政變推翻的總統庫瓦特利從埃及返回，當選總統。敘利亞繞了一圈後又回到文人統治的時代。

第四節　敘利亞向蘇聯靠攏

庫瓦特利藉由與埃及、沙烏地阿拉伯的和解，追求一個理想的阿拉伯聯合。換言之，庫瓦特利的上臺代表著親埃勢力的獲勝。以色列的敵視，土耳其的不友善，甚至原來的友邦伊拉克和黎巴嫩的背離，都使得敘利亞孤立無援。庫瓦特利原本的外交政策是中立的，只要給敘利亞提供幫助而不附帶任何條件，敘利亞就誠摯歡迎。只是，1955 年 2 月簽訂的〈巴格達公約〉，使得伊拉克、土耳其與西方世界結為同盟。敘利亞為了安全理由，走向親埃及、反西方和親蘇的政策，導致後來敘、埃兩國在 1958 年聯合成阿拉伯聯合共和國 (United Arab Republic)，而伊拉克再與約旦成立「阿拉伯聯邦」(Arab Federation) 以資對抗。從這個時期開始，與敘國密切交往的大多為共產國家。無論是敘利亞的貿易夥伴、或是技術設備的支援國，都是共產國家占多數。

事實上，這段期間正是蘇聯積極向中東加強其外交攻勢的時候，而敘利亞是當時唯一未宣布共產黨非法的阿拉伯國家。1955 年 11 月，敘利亞與蘇聯同意將雙方的外交使節提升至大使級。繼而雙方簽訂了多項貨物交換協定，同時敘利亞與埃及也在此時接受蘇聯的軍火及武器。1956 年蘇聯外長訪問大馬士革。不久，敘利亞與中共建立外交關係。

在這個時期，敘利亞與以色列的衝突仍未停歇。1955 年 12 月 11 日以色列突襲敘利亞的基地，導致敘國軍民的傷亡，引發了聯合國安理會的譴責。只是譴責歸譴責，英、法、美三國仍繼續在傷口上灑鹽，持續地提供以色列所需的武器。此項舉動使得敘國更加反西方，並且於 1956 年實行全民徵兵制，以隨時準備戰爭。1956 年 10 月 30 日以色列進攻埃及的西奈半島，英、法聯合干預蘇伊士地區，令敘利亞反西方的情緒更為上升。於是，敘利亞決定協助陷於危難的友邦，炸燬了境內伊拉克的石油管線，聲言若不立即停止戰事，則將不予修復。聯合國和國際輿論因而迫使以色列自加薩與西奈半島撤軍。此外，以色列撤軍的另一項原因是埃及納塞將軍 (Jamal Abd-al Nasser) 成功的抵擋以軍，此戰不僅使納塞一戰成名，更令他成了埃及的英雄，以及阿拉伯世界抵抗西方的象徵。

蘇聯威脅將以自願軍的方式來協助埃及，而其外長也早在夏天時就到訪過敘利亞和埃及兩國。蘇聯在中東的策略不在於廣傳它的意識

圖 34：庫瓦特利　敘利亞獨立後的總統，1949 年 3 月 30 日因政變而下臺。1995 年時又從埃及返回出任總統。

型態，而是在於結交共同利益的朋友。敘利亞就是與蘇聯一樣，共同反西方的國家。從這個角度來看，美國在艾森豪主義下為了反對共產勢力入侵中東而提供的國家援助，顯然對敘利亞而言是完全的失敗。因為 1957 年艾森豪主義遭到敘利亞政府公然地拒絕。庫瓦特利總統在訪問巴基斯坦與蘇丹時，即曾表示贊成阿拉伯國家採取絕對中立的態度，並對美國積極參與〈巴格達公約〉的軍事計畫，給予猛烈的批評。

1950 年英、法、美三國曾經協議，將對中東任一國家破壞邊界的行為作出立即行動，可是後來卻未能有效實踐。甚至國務卿杜勒斯到訪中東後所言，美國將平衡善待以、阿雙方的諾言也付諸東流。1957 年 8 月 13 日，大馬士革查獲美國陰謀推翻敘國政府，這使得美、敘兩國關係進入前所未有的低谷。另一方面，敘利亞指控土耳其軍隊在邊境不當集結，蘇聯馬上出面聲援敘利亞。

第五節　巴斯黨的興起

敘利亞的巴斯黨 (The Ba'ath Party) 是阿拉伯世界中第一個成立的政黨。二次大戰結束後，社會主義的思想陸續在阿拉伯國家蔓延，其中最重要的即是 1950 年豪藍尼 (Akram Haurani) 於敘利亞所創立的阿拉伯社會黨 (Arab Socialist Party)。1953 年，該黨和阿夫拉克 (M. Aflak) 的阿拉伯復興黨 (Arab Renaissance Party) 合併，形成阿拉伯社會主義黨，通稱巴斯黨。"Ba'ath" 是阿拉伯文，即「復興」、「復活」之意。因此巴斯黨亦通稱為復興黨。該黨的精神，其實與 1952 年埃及革命領導人物所提倡的激進泛阿拉伯主義類似，不過還是與埃及的革命思想有顯著的不同。巴斯黨所揭櫫的觀念不外乎選舉自由、新聞自由、言論自由以及集會自由等等。許多研究阿拉伯問題的學者皆認為巴斯黨的思想概念遠遠超出其所處的阿拉伯社會，難為當時的阿拉伯世界所接受。

該黨的創始人阿夫拉克，於 1910 年生於大馬士革信奉希臘正教的

小康家庭。其父親是一穀商，使其有獲得良好教育的機會。阿夫拉克畢業於巴黎大學歷史系，成績十分優異。他在巴黎求學時，曾經研讀馬克思與尼采的著作，也常和朋友辯論有關政治的議題。他深深感受到馬克思主義唯物論的不足，未能顧及人性與心靈的價值，更無國家意識。他認為，國家實為一大家庭，所以阿拉伯人需要的不只是馬克思主義。換句話說，巴斯主義包含了社會主義、民族主義以及人道主義。

　　阿夫拉克返回大馬士革之後，擔任學校教員，常常向學生宣揚他的革命理想，因而獲得了許多知識分子、窮人子弟以及非特權階級但有教養的青年的支持。1942 年，他因為反對在敘利亞的學校裡使用法國歷史教科書，而領導罷課，最後決定放棄教書生涯，專心從事政治。五日之內撰成巴斯黨黨章，而該黨黨章迄今未有變更。於是，巴斯黨成為敘利亞內唯一有思想、有主義體系的完整政黨，該黨支部遍及全國各地，也普及於各個階層的族群，無論是知識分子還是販夫走卒。

　　1947 年，法國人撤離敘利亞，巴斯黨的勢力更加擴充，不到兩年實力便足夠組成敘利亞的政府。阿夫拉克一開始也在政府部門位居要津，但是他認為，在政府之外比擔任公職會更有貢獻，於是退出了政府部門。爾後的巴勒斯坦戰爭的慘敗，更加影響了阿夫拉克的思想。他曾斷言，阿拉伯社會的結構，是導致這場災難的主因，因為阿拉伯人缺乏團結，再加上社會階級的區隔，使得阿拉伯人無法在世界發揮應有的潛力與影響力。

　　巴斯黨的權力核心，除了由總統出任黨的祕書長外，即是國家指揮區 (National Command) 和區域指揮區 (Regional Command)。根據巴斯黨的基本信念，阿拉伯世界是一個「國家」(nation)，而現存的各個國家只是現存的一個「區域」(region)，為顧及現狀和完成統一的最終目標，復興黨內因而有區分國家和區域的設置。國家指揮區組成分子中，有半數是敘利亞人，另外半數則是來自其他國家的阿拉伯人，藉以標榜奉行泛阿拉伯主義。其執掌為掌握阿拉伯國家事務，因而在外

交政策上有很大的影響力。因此敘利亞總統為國家指揮區的當然成員，該區的其他人員也同時為區域指揮區的成員。

　　復興黨內的區域指揮區是統治敘利亞真正的權威所在，由總統領軍，成員包括內閣中所有重要的軍事將領和外交、國防等部長。國家指揮區主要負責外交政策，有專門辦公室處理外交事務、巴勒斯坦事務和外交資訊，以及整合黨的意識型態。而區域指揮區則是針對敘利亞國內行政、財政、社經措施，以及監督國家機構之運作。自 1966 年起，黨內的最高決策過程，就已呈現此兩者聯席會議的型態。

第六節　與埃及合併

　　1956 年 6 月，敘利亞成立聯合政府。巴斯黨新政府中獲得數個部長職位，帶領人民走向親埃路線。1957 年 11 月，敘利亞國民大會決議與埃及聯合。1958 年 2 月 1 日雙方終於達成協議：由公民投票通過兩國的合併案，並由納塞出任共和國的第一任總統。新成立的共和國只有一面國旗、一支軍隊，並且邀請阿拉伯其他國家加入。葉門首先考慮加入並開始協商，而伊拉克和約旦則聯合成為阿拉伯聯邦以對抗埃敘兩國的合併。沙國則抱持觀望的態度。

　　共和國總統之下設有四個副總統，敘、埃兩國各兩位。總統任命各部會首長，各部會首長並向總統負責。新國民議會四百名，半數從

圖 35：敘利亞總統庫瓦特利和埃及總統納塞簽訂敘埃兩國合併的協定

埃及與敘利亞原本的議會中,依照埃及對敘利亞三比一的比率選派之。合併後,兩國被視為兩個行省,各行省皆交由行政委員會管理,並由總統派任主席一名,再由主席推薦委員會成員,由總統批准後任命。

　　阿拉伯聯合共和國成立後遭逢一連串的內憂外患。對外方面,該共和國與鄰近阿拉伯國家間的關係並不融洽。1958 年 5 月,黎巴嫩爆發嚴重的內部衝突。黎巴嫩當局指控敘利亞以人員及武器協助境內叛亂者。其後經聯合國派遣觀察員,進行調查。調查報告認為敘利亞並未涉入。但是雙方卻因此有所芥蒂。此外,該共和國亦向阿拉伯世界宣傳反伊拉克的思想。此舉令伊拉克認為,國內莫蘇爾的叛亂與敘利亞有關。

　　敘利亞亦遭受長期的旱災,使得經濟飽受摧殘。昔日還能大量出口糧食的敘利亞,轉而仰賴進口的糧食。敘利亞地主階級也擔憂埃及土地徵收的模式,將適用在敘利亞土地上。

　　該共和國真正的問題還是在於巴斯黨與納塞的錯誤政策。巴斯黨的泛阿拉伯主義促成埃敘兩國的聯合,但是納塞卻未善待敘利亞。巴斯黨自認對共和國的催生有很大的幫助,但卻遭到納塞總統的忽略,而且黨員就任政府官職的人數也越來越少。納塞不斷地將埃及人派到敘利亞就任官職,於是,敘利亞行省中不論是文人還是軍人的職位,漸漸地布滿了埃及人。此項安排引起了敘利亞人及軍方的不滿,最後不滿的情緒終於在 1961 年爆發,而結束了阿拉伯聯合共和國短短的壽命。

　　1961 年 9 月 28 日,敘利亞發生軍事政變。新政府在前敘利亞副總統庫斯巴瑞博士 (Dr. Kusbari) 領導下在大馬士革成立,宣布恢復敘利亞的領土完整與主權獨立,但是與阿拉伯其他國家攜手合作,共同追求阿拉伯世界的統一。10 月 5 日,納塞總統承認敘利亞的既成事實,也不再反對敘利亞重返聯合國與阿拉伯聯盟。

第七節　人民黨的短暫執政

1961 年 11 月，舉行大選。人民黨贏得普遍的支持。新任的總理達瓦利比 (Maruf al-Dawalibi) 與總統古德西 (Nazim al-Qudsi) 皆是保守的人民黨人士，政權並不穩固。由於以色列企圖引取提比里亞湖（即以色列人所稱的加利利海）水，灌溉納吉夫沙漠區 (Negev Desert) 的農田，因而引發以敘雙方的緊張與衝突，使得敘利亞新政府的局勢難以鞏固。1962 年敘利亞再度發生政變，使得才剛選出的正副總統、國民大會議員全部去職，一切權力改由軍事執政團掌控。只是，這個政變不得民心，敘利亞各大城很快地開始了許多的示威和聲援的活動，最後在巴斯黨的支持下，前總統終於復職。

第八節　巴斯黨執政：親蘇、反西方

1963 年 3 月敘利亞再度發生政變。政府改由自稱為革命指揮部之國家委員會 (National Council of the Revolutionary Command) 的軍人集團所掌控。這個集團由阿塔西少將領導，成員包括了軍人、巴斯黨人以及其他阿拉伯民族主義分子。他們強烈支持阿拉伯國家的統一。於是，政府成立後，便派遣巴斯黨創黨者阿夫拉克前往開羅，商討與埃及、伊拉克的聯合事宜。4 月，阿塔西少將與埃及總統納塞、伊拉克總理巴克爾 (Ahmed Bakr) 共同簽署聯合計畫，預計 5 月內就聯合問題，舉行公民投票，並於其後的二十個月內，選出聯邦的總統，建立聯邦制度。

但是許多巴斯黨人並不熱衷於此項聯合，示威活動不斷爆發。11月，溫和派總理畢塔爾 (Salah al-Bitar) 被迫辭職，改由激進派的強人海費茲 (Amin Hafaz) 繼任。因而，巴斯黨中泛阿拉伯主義與泛敘利亞主義兩派人士的分裂也越來越大。

❶回教兄弟會於
1928 年在埃及成
立，屬泛阿拉伯宗
教組織，主張抵制
西方文化對回教
國家的影響，恢復
原教旨主義的信
仰，後利用宗教進
行政治活動，50
年代在埃及被取
締後中心轉到敘
利亞。主要領導人
是阿德南·薩阿
德丁 (Adnan Sa-
adeddin)。

由於巴斯黨人上臺後極力推行國有化及土地改革
政策，使得商人、地主以及正統回教領袖皆對巴斯黨充
滿憤恨。回教基本教義派反對尤其激烈。1928 年於埃及
成立的回教兄弟會 (The Muslim Brotherhood)❶是激進
的宗教及政治組織，與此階段的衝突有相當大的關聯。
不安的情勢，演變到後來變成哈瑪城的大暴動。海費茲
強力鎮壓，造成哈瑪城一百五十人死亡，隨後更演變成
全國性的同情罷工與罷市。最後海費茲宣稱若繼續罷
市，將沒收商店，將店內物品賑濟窮人，暴亂才勉強停
止。

1965 年初，敘利亞因接受來自蘇聯的援助，其政策
更加傾向社會主義。於是政府頒布四項新的法令，遵行
馬克思主義路線，掃除敘利亞境內的私人企業，將全國
大小企業部分或全部收歸國有。此項政策使得許多敘利
亞商人捲款潛逃到國外，間接使得敘利亞流失大量的金
錢。國有政策引發商人與宗教團體很大的厭惡與反彈。
商人再度以罷市相抗，但是還是徒勞無功。回教領袖向
教民宣稱巴斯黨是「神與宗教之敵」，希望大眾群起而
推翻之，要求展開護教聖戰。只是，政府毫不手軟的強
力壓制，使得這些暴動並未有進一步的影響力。

政府對傳統勢力的勝利，不僅代表了敘利亞堅持社
會主義路線，同時也是阿拉伯社會主義的轉捩點。倘若
當局稍有遲疑，便會遭受商人和宗教團體的反噬，而影
響了當時正與巴格達和開羅如火如荼進行的社會主義
改革計畫。此時，敘利亞內的左翼勢力進一步聯合，成
立「前進陣線」。敘利亞共黨也趁此時機，支持巴斯黨，
條件是允許該黨於 1958 年被放逐國外的領袖畢克達斯
(Khaled Bigdash) 回國。

1965 年 5 月底舉行的阿拉伯聯盟十三國總理會議是此時期敘利亞對外政策的轉折點。敘利亞對以色列的強硬立場遭到埃及總統納塞的譏評，認為阿拉伯人不夠團結，何能談攻打以色列？雖然納塞所說無誤，但卻使敘利亞與埃及自此分道揚鑣。此外，中蘇共黨的理論辯論中，敘利亞傾向中共的一邊，也不再與蘇聯為伍。甚至，以「勾結外國」的罪名逮捕豪藍尼 (Akram Haurani)，這位曾是阿拉伯社會黨的創黨領袖，一直以親蘇聯、親埃及、及反北平的立場聞名，所以顯然地，此處所謂的「外國」應該就是蘇聯。

1966 年初，巴斯黨激進派再度發動政變，將過去巴斯黨具影響力的人士悉數逮捕，其中包括了創黨者阿夫拉克、秘書長拉載茲 (Dr. Munif Razzaz)、海費茲、畢塔爾等等。革命當局任命查嚴 (Yusseff Zayen) 為總理，阿塔西 (Nureddin al-Attassi) 為總統。新政府幕後的推手是前參謀長賈迪德 (Salah Jadid)。賈迪德與海費茲不同，前者親中，後者親蘇；前者反對與埃及聯合，後者則否。政變結果，導致敘伊兩國巴斯黨的分裂。

第九節　1967 年的六日戰爭

1962–1966 年間，敘利亞與以色列因約旦河的水源數度爆發衝突。敘利亞試圖分流約旦河上游的水源，使以色列於下游無水可用；襲擊提比里亞湖邊的以色列漁民；利用戈蘭高地的地勢狙擊以色列屯墾區。此等行為使得雙方關係轉趨緊張。事實上，這些衝突就是 1967 年 6 月六日戰爭的序曲。

敘利亞軍隊的調度在六日戰爭中相當地謹慎，雖然是主動出擊，但是卻沒有貿然進攻。砲兵部隊和裝甲師都停留在遠程砲兵的掩護之下。只是，當以色列戰勝埃及後，回過頭來攻打戈蘭高地時，還是證明敘利亞軍隊的不堪一擊。

最後，以色列在 1967 年的戰事中占領了戈蘭高地，並自提比里亞

湖東北深入敘利亞境內十九公里，而且在停戰協定後控制這片土地。六日戰爭雖然破解了敘利亞對抗以色列的方法，然而並未帶給雙方真正的和平，反而更加深雙方的仇恨。戰後的敘利亞反以色列的立場始終沒有改變。

第十節　阿塞德執政

1968-1969 年間，巴斯黨再度發生內鬨和分裂。一派是由阿塔西所領導的進步派，主張國家計畫經濟，與蘇聯密切的合作。另一派則是國家主義派，由阿塞德將軍 (General Hafez al-Assad) 所領導，主張打倒以色列，積極改善與其他阿拉伯國家的關係，減少敘利亞對蘇聯經濟與軍事上的依賴。

阿塞德是阿拉威派回教徒的農夫之子，而該派教徒多來自於拉塔吉亞山區。他生於 1930 年，後來成為空軍戰鬥機的飛行員，九年內被拔擢為將軍。他對政治的興趣從小就開始。十七歲時，他便與同世代的知識分子加入了當時新成立的巴斯黨。

阿塞德在 1966-1970 年間擔任敘利亞的國防部長，同時也是空軍總司令。阿塞德運用此等職位，擴大其影響力，最後遂成為敘利亞最具權力的人物。1970 年，阿塞德發動政變，將原先在位的阿塔西逐出，並於 1971 年獲得壓倒性的支持當選敘國的總統，一任七年，阿塞德竟連任四次，展開長達近三十年的獨裁時代。

1971 年末，敘利亞、埃及與利比亞同意成立一個鬆散的阿拉伯共和聯邦 (Federation of Arab Republics)。敘利亞也重新與蘇聯恢復關係，蘇聯也提供敘利亞現代化的武器。1973 年，敘利亞通過一項新的憲法，而巴斯黨在該年選舉中獲得人民議會 (The People's Council) 百分之七十的席次。

阿塞德是阿拉威派回教徒，亦是一個強烈反對猶太復國主義分子，同時也是巴勒斯坦解放組織中激進派系的主要支持者。敘利亞傳統上

是阿拉伯國家的領袖，為了阿拉伯的團結，面對以色列擴張的威脅，其態度也相當的強硬。敘利亞一直是收留許多巴勒斯坦民族主義團體的地方，同時也領導著反對以色列強占阿拉伯領土的強硬派阿拉伯國家。

　　阿塞德以頭腦冷靜和工作勤奮著稱。他過著很簡樸的生活，不抽菸也不喝酒，而且常常工作到凌晨三點到四點才就寢。他也期盼他的部長們能和他一樣。阿塞德少數的休閒活動之一就是聽西方的古典音樂，尤其是莫札特和華格納的音樂。他最關切之事是使他的國家在經過多年的占領和不穩定後，富強起來。1978 年，超過百分之九十七的選票支持他繼續擔任為期七年的敘利亞總統。

　　阿塞德掌權後，結束了 1946 年以來遜尼派主控敘利亞政治之局面。由於阿拉威派是敘利亞的少數派，雖然是敘利亞什葉派回教徒中人數最多的一派（占百分之七十），然而實際上敘利亞卻是一個遜尼派人數占多數的回教國家，因此阿塞德必須有所提防，需大量任用阿拉威派回教徒。因此，1973 年，四十二名軍官被控計畫謀殺阿塞德，而遭到處決。事實上是阿塞德偏好軍中阿拉威派回教徒，藉機剷除軍中遜尼派的軍官罷了。

第十三章
敘利亞外交政策的根源

第一節　恢復故土主義的歷史根源

　　敘利亞的外交政策態度的形成是由於歷史上敘利亞民族主義在西方帝國主義下屢受挫折的結果。1917 年阿拉伯人反抗土耳其的統治後，敘利亞人便期盼在過去歷史的敘利亞境內建立一個獨立的阿拉伯國家，藉以連結成一個更大的阿拉伯聯邦。然而，西方強權違背對阿拉伯人的諾言，將歷史的敘利亞分裂為四個小國（敘利亞、約旦、黎巴嫩和巴勒斯坦），也讓以色列人在巴勒斯坦殖民並建國。所以，雖然敘利亞獲得了獨立，但其與約旦、黎巴嫩和其他阿拉伯世界的分離似乎已無可挽回，而且門口又站著一個可怕的敵國以及民族主義的障礙——以色列。於是，反帝國主義、反猶太復國主義、泛阿拉伯主義以及泛敘利亞情愫融合為一，成為敘利亞政治文化走向修正主義以及恢復故土主義的驅力。

第二節　地緣政治的因素

　　一個理性的外交政策不能只靠挫敗來促成。相反地，它應該符合

權力平衡下地緣政治的現實狀況。地緣政治決定了敘利亞對外關係所面臨的威脅和機會，同時也決定了潛在國力的基礎。相對來說，敘利亞較小的國土和人口，使其只能提供有限的戰略深度和對侵略的嚇阻。所以，敘利亞的決策者無法否認這項事實：敘利亞在沒有外援的情況下，其有限的自然和經濟資源是無法支持敘利亞外交政策的野心。

另一方面，敘利亞位於中東的核心地帶，使其擁有特殊的地理重要性。很少國家能像敘利亞一樣，面對那麼多個特殊、互動的地緣區域，而且都有著那麼多的開放門戶。這項優勢使阿塞德的敘利亞能在其地中海東岸的阿拉伯鄰國中扮演領導的角色。這樣的中心性以及與以色列為鄰的位置，使敘利亞能發揮其重要性，獲取資源（特別是阿拉伯援助）以及外交支持。這樣的位置也使敘利亞自然成為與以色列競逐地中海東岸控制權的對手。

然而，同樣地，敘利亞的地理位置使其對於外來的壓力顯得脆弱無比。它的四周沒有天然的國防，這使得它不時地面臨外來的危險：約旦、土耳其、伊拉克，更重要的是來自以色列的威脅。長久以來，敘利亞一直是以河流為主的國家——伊拉克和埃及——相互角力下的犧牲品。東邊面臨來自伊拉克不友善的威脅。只有兩個阿拉伯國家同時與兩個非阿拉伯國家為界，而敘利亞是其中之一。土耳其控制敘利亞所仰賴的幼發拉底河水源。敘利亞在 1967 年的戰事中，失去了防禦其主要敵人（以色列）的重要天然國防——戈蘭高地，而且以色列若從約旦或黎巴嫩側翼包圍的話，敘利亞也十分危險。和以色列的各項戰役中，敘利亞受到了嚴厲的懲罰，而以色列的軍力則是不斷地前進延伸，從戈蘭高地擴及到黎巴嫩。區域中布滿的威脅和限制使安全成為敘利亞最關切的議題。無可避免地，敘利亞不是淪為附近強權下的犧牲品，就是得藉由內在的動員和外在的聯盟來達成權力平衡。因此，敘利亞維持對結盟的需要是為了避免被孤立，以及確保對以色列權力的平衡與嚇阻。

第三節　以敘利亞為中心的阿拉伯主義

敘利亞國家形成的環境塑造了其模糊的國家認同。此種國家認同，加上殘存的修正主義與地緣政治的現實，顯現出敘利亞外交政策獨特的角色概念：以敘利亞為中心的阿拉伯主義。這個角色概念可被視為是造成敘利亞外交政策自主性的因素。

由於敘利亞的地理位置是阿拉伯世界東部的中心，而其領域並非是一個歷史傳統的國度，所以其國家認同的對象不是現今的敘利亞（此一向被視為是帝國主義下的產物），而是一個更大的阿拉伯國家。巴斯黨人將克服阿拉伯世界的分裂現狀，視為其歷史性的任務。敘利亞對他們而言不是一個國家，而是此項任務的基地。的確，敘利亞是阿拉伯主義情感的中心。

然而，敘利亞的領袖缺乏實權和意願去克服西方所強加的阿拉伯國家體系。於是，泛阿拉伯的理想和其外交政策行為的鴻溝越來越深。四十年的國家歷史和統一實驗的挫折，幾乎將統一主義者的抱負排除於阿塞德的外交政策之外。然而，敘利亞人仍不認為周邊的環境是由各個國家實體所組成。他們仍認為阿拉伯國家應共組一國，由一個具有超越性的阿拉伯利益來主導其外交政策。敘利亞特殊的認同還是在阿拉伯世界：敘利亞人認為敘利亞是「阿拉伯主義的心臟」。因此，與以色列衝突時防衛阿拉伯民族，遂成為敘利亞的特殊角色和任務。

在這個基礎上，敘利亞宣稱有權界定更高的阿拉伯利益。敘利亞認為其軍事安全的需要和其位於對抗以色列的前線的事實不容分割。從「對敘利亞好的就是對阿拉伯民族好」這樣的觀點來看，敘利亞認為它有權運用其他阿拉伯國家石油的財富，也有資格訓練「巴勒斯坦意識」(Palestinian particularism)。母國這樣的態度更加促使其自視為其他歷史敘利亞分離部分的「母國」，而且自認為有特殊的權力和責任。敘利亞自認為它正與以色列進行一場爭奪地中海東岸影響力的競爭，

而此等同於大敘利亞和大以色列間的競賽。值得注意的是，對大多數敘利亞人和其領導人而言，泛阿拉伯主義和大敘利亞主義並無不能相容之處。因為大敘利亞會是將來大阿拉伯國家的一部分，而不會是一個個別的敘利亞國家。

　　敘利亞堅持其自身的需要優先，最終導致與其他阿拉伯國家的衝突，而犧牲了阿拉伯世界的團結，尤其是因追求其自身利益而違背傳統阿拉伯規範的時候最為明顯。最著名的例證就是它聯合伊朗以制衡伊拉克，以及在黎巴嫩和巴解發生衝突。然而，敘利亞的阿拉伯主張並非只是隨便說說而已，純粹以敘利亞為中心的政策也從未成形，否則阿塞德可以仿照沙達特，與以色列達成在戈蘭高地的協議，而不是將敘利亞的前途和福祉押在阿拉伯恢復失土主義的思考之上。敘利亞的利益，正如阿塞德所定義般，比起其他阿拉伯國家還要符合廣泛的阿拉伯民族目標。而這樣的目標，如果沒有泛阿拉伯國家的團結，是沒有辦法達成的。換句話說，以「敘利亞為中心的阿拉伯主義」(Syro-centric Arabism) 描述敘利亞對自身的國家利益和角色概念，是最恰當不過的了。

第四節　阿塞德的理性外交

　　由於阿塞德穩固地掌握實權，所以阿塞德的目標或許就是敘利亞外交政策最重要也是最直接的決定性因素。阿塞德所面臨的挑戰就是如何在過去歷史經驗下所遺留的修正主義思維，和敘利亞現今所面臨的有限權力資源與地理的脆弱性當中取得平衡。他很成功地處理了這個挑戰。因為在他上任前，敘利亞還是列強經常干涉的對象。然而在他執政後的敘利亞，卻已是中東國際政治的主角之一。敘利亞外交政策的制定在幾個重要的方面幾乎是依循著「理性行為者模式」(rational actor model)，換言之，就是單一的領袖能排除國內因素的限制，理性地追求外交政策。這樣的理性很明顯地體現在阿塞德外交政策的三項

特徵之中。

一、追求現實且有限的目標

　　激進的巴斯黨人主張展開一場人民解放戰爭，全面動員阿拉伯的群眾、軍隊和石油，以對抗以色列和西方在中東的利益。阿塞德對這種彌賽亞式的策略沒有太大的幻想。相反地，他很清楚代價是什麼，尤其是當以色列展開報復時，敘利亞所面臨到的傷害必然很大。在1969年至1970年間巴斯黨內鬥中，他的現實主義權力衡量與其他巴斯黨人高舉的意識型態，形成強烈的對比。1970年他上臺後，縮減了敘利亞的政策目標，將過去的修正主義限縮在現實的目標上，也就是依照聯合國安理會第242號和第338號決議，「以土地換取和平」(land for peace) 的方式來拿回被以色列所占領的土地。他致力於扭轉以色列在1967年戰後在中東的霸權地位，欲將以軍驅回並局限在1967年戰前的邊界內。阿塞德的行為當中，現實政治的思考超越修正主義。此可由以下的事件明顯得知：反對激進分子在1970年對約旦胡笙國王的干涉；對傳統親西方的阿拉伯國家採取低盪的政策；在1973年戰事中採取有限的目標，甚至在敘利亞稱霸黎巴嫩之後，也無意兼併之；在1990年至1991年的波斯灣戰爭中，採取反對伊拉克的立場，而表現出支持區域的現狀。他只追求一個傳統且有限的目標，希望藉此恢復失土以及穩定中東區域內的權力平衡。

　　另一方面，阿塞德在追求其縮小的目標時，常展現出其固執頑強的性格。紀錄顯示，他是一個不願輕易在阿拉伯基本權利上讓步的民族主義者。的確，他希望自己被當作是和納塞一般的阿拉伯民族主義領袖。因此，當他願意接受與以色列進行全面的和平解決時，固執地拒絕依循其他阿拉伯國家的模式，接受以軍無須全面撤出占領地的立場。當軍力平衡不允許他達成關鍵目標時，他寧可在平衡裡尋求轉變而不是放棄目標。在國家利益遭到重大危害時，他隨時準備抵禦外來的優勢力量，以證明他能處變不驚。1983年他極力反對〈以黎協定〉

之事，可說是最佳的例證。因為那時以色列和美國的軍隊已經開到敘利亞在黎巴嫩的家門口。長期以來，無論國內政治的轉變或經濟的限制為何，阿塞德所追求的計畫卻有著相當明顯的持續性。

二、工具與目標相符

在縮減敘利亞外交政策目標的同時，阿塞德也強化了敘利亞的實力。現實主義者相信國際政治最重要的是權力，所以阿塞德一直想要建立一個能與以色列取得戰略平衡的敘利亞軍隊。他的外交政策是基於此一信念：唯有藉由與以色列的權力平衡，以、敘間才有穩定的和平。有能力嚇阻以色列的攻擊，不只是敘利亞國家安全的核心，更是其在談判中得以討價還價的依靠。同時，阿塞德也試圖有意無意的製造一種形象，若沒有滿意的和平，將不排除發動戰爭的可能。而在阿拉伯國家間，阿塞德則致力於讓敘利亞成為阿拉伯利益的主要維護者。

阿塞德擴大敘利亞力量的同時，也如理性行為者般仔細地運用權力，在行為之前，仔細地衡量軍事的平衡。他尤其拒絕在權力平衡不利於敘利亞之際，被捲入任何與以色列所發生的戰事。他盡可能以最經濟的工具達成他的目標。我們可以從他巧妙利用黎境的代理人，來對抗〈以黎協定〉所發生的威脅，從而在南方向以色列施壓中明顯地看出這項特徵。

三、在國際環境中保有相當大的戰術彈性

阿塞德很能拿捏不同的外交工具，利用有限戰爭、結盟、談判，使敘利亞能在有限的資源下發揮超越自身國力的影響力。由於敘利亞單靠自己不能奪回被占領的土地，故結交盟友（不問盟友意識型態，只管盟友是否有強大的資源），便成了敘利亞外交政策最優先的考量。他相信，唯有一個在蘇聯撐腰下的阿拉伯戰爭同盟，或是泛阿拉伯國家外交政策迫使美國降低對以色列占領阿拉伯領土的支持時，敘利亞才有可能恢復失土。同等重要的是，在阻止美國推動有害敘利亞國家

利益之政策的同時，敘利亞也要防範其他阿拉伯國家在以敘衝突中扯後腿，而危及敘利亞的戰略以及在阿拉伯世界的領導權。所以，敘利亞必須巧妙地運用整個國際和區域的體系。

　　阿塞德通常能在不利於己的情勢之下，仍能有效地運用自己的策略。他與埃及結盟，但是卻只求有限戰爭；當情況對其有利時，便同意參與美國調停的中東和會；但當自己不能站在強勢的立場時，則阻擾或不願參加和會。只要阿塞德認為是合理的，他也會願意追求一個在國內不受歡迎的政策，例如與伊朗結盟。他和沙達特不一樣。沙達特總是讓國內政治和經濟的因素介入其外交政策，而促成了一個有利以色列的和約。阿塞德相對地比較成功。他能自外於這些因素的干擾，自己做出決策以回應外在的威脅和契機。

　　當然，阿塞德的決策並不是永遠是對的。例如，阿塞德個人和巴解主席阿拉法特的衝突，使得以色列漁翁得利；阿塞德和伊拉克總統海珊的不合，也使得敘利亞在東邊失去了一個盟邦。

第十四章
阿塞德的外交政策

第一節　阿塞德與以色列的衝突

　　阿塞德上任之初，最主要的政策就是準備與以色列進行一場傳統戰爭，奪回戈蘭高地。於是他便與阿拉伯世界軍力最強的埃及結盟。他深信敘、埃兩國的合作對阿拉伯世界有益；兩國若分裂則皆將無力對付外來的勢力。為了獲取必要的武器，阿塞德維持和蘇聯的緊密關

圖 36：以阿第三次戰爭　1973 年 10 月，以阿第三次戰爭中，敘軍與以軍在戈蘭高地激戰後的傷亡情形。

係。同時，他也加強與阿拉伯產油國家間的同盟關係，揚棄過去在冷戰時代巴斯黨人執政時，因意識型態而使雙方對立的關係，因而獲得建軍所需的資助。雖然敘利亞和約旦、伊拉克有政治衝突，但是阿塞德還是成功地將它們包含於對抗以色列的陣線內，也保障自己東南邊境的安全。

　　1973 年 10 月 6 日爆發第四次以、阿戰爭。此次戰爭又稱為贖罪日戰爭，或是齋戒月戰爭。開戰日對猶太教徒與回教徒來說都是十分神聖的日子。該日在以色列是贖罪日，而回教國家則正處於一年一度的齋戒月。這些節慶都是禁止戰事的，可是敘利亞與埃及卻利用這個時候向以色列開戰。所以這次戰爭對以色列來說，的確是料想不到的。此次戰爭以色列分別與埃及和敘利亞作戰。戰爭受到伊拉克與約旦的支持，沙烏地阿拉伯則是對埃、敘兩國從旁提供經援。

　　這場戰爭暴露了以色列不敗神話後面的弱點，也給予了阿拉伯民族無比的信心。戰爭初期敘利亞節節勝利，不過以軍後來反敗為勝，而且再度深入戈蘭高地。雖然敘利亞與以色列於 10 月 25 日同意聯合國的停火協議，但雙方卻持續衝突至 1974 年才結束。該年 5 月，在美國國務卿季辛吉的調停下，雙方終於在日內瓦達成協議，以色列退回 1967 年的停戰線，歸還關納迪亞 (Kuneitra)，並由聯合國部隊在戈蘭高地建立緩衝區。然而，沙達特卻於 1978 年與以色列達成了〈大衛營協

圖 37：大衛營協議　1978 年埃及總統沙達特與以色列總理比金在美國總統卡特的調停下，於大衛營簽訂協議，破壞阿拉伯國家一致對抗以色列的戰略。

議〉，與以色列締和，因而破壞了敘利亞外交策略。

　　為了取代埃及，阿塞德嘗試建立一個地中海東岸集團，將黎巴嫩以及巴勒斯坦都涵蓋在大馬士革的控制之下。阿塞德力求避免讓〈大衛營協議〉獲得阿拉伯世界的認可，同時，繼續使敘利亞成為對抗以色列的主要前線國家。他戮力恢復以阿權力平衡，其政策便是戰術性的「拒絕承認以色列」，於是，極力阻擾阿拉伯國家與以色列簽訂和約。

　　與蘇聯結盟是阿塞德策略當中重要的一環：蘇聯對敘利亞的武器供應是敘利亞維持對以色列權力平衡的關鍵；蘇聯的嚇阻力使得以色列不敢對敘利亞輕舉妄動。

第二節　阿塞德的黎巴嫩和巴勒斯坦政策

　　自從 1973 年以、阿和平進程停頓以來，黎巴嫩便成為以、敘之間一個主要的角力場。黎巴嫩因內戰以及巴勒斯坦人的存在，容易遭受以色列軍事和政治的滲透。1976 年敘利亞在阿拉伯聯盟的授權下，在黎巴嫩進行軍事干預，主要的原因是深怕黎國的內戰與分裂給予以色列滲透的機會，同時試圖充作仲裁者，甚至將黎巴嫩納入其軍政影響力的範圍。在敘利亞干預的初期，敘利亞支持其傳統的左派巴勒斯坦──回教陣營，以對抗右派的馬龍派。它提出一項折衷性改革，以求化解雙方的爭鬥。然而，當敘利亞的盟友反對該項改革，並且決心以

圖 38：1975 年黎巴嫩內戰
敘利亞派軍干涉

軍力擊敗馬龍派時，敘利亞以強大的軍力干預，以免馬龍派被擊敗。阿塞德擔心馬龍派會向以色列求援，倒向以色列。由於巴勒斯坦人公開反抗敘利亞的政策，阿塞德斷然剝奪了巴解擁有在黎境設立自治大本營的權利。阿塞德尤其試圖避免下面的情況發生：當拒絕承認以色列的巴勒斯坦人掌控黎巴嫩後，與伊拉克合作，向以色列發動游擊戰，因而使以色列更有軍事干預黎巴嫩的藉口，這不僅將實現以色列長久以來奪取黎南的渴望，而且使以軍開進貝卡山谷 (Bekaa Valley)，進而可能包圍大馬士革。

敘利亞的干涉使得巴人左派陣營反抗的力量瓦解後，阿塞德便重新建構一個改革的、較少宗派性的黎巴嫩，並使黎國在其保護之下，聽從其外交政策。然而，馬龍派卻開始進行反敘利亞的滲透。當馬龍派與以色列合作在黎南建立安全區時，敘利亞支持什葉派民兵去破壞該項計畫。

以、敘兩國在黎境的戰爭中，敘利亞打了一場敗仗，但是不願輕易撤出黎巴嫩。以色列將巴解逐出黎境後，美、以兩國更試圖建立一個馬龍派的黎巴嫩傀儡政權，照以色列的心願簽訂和平協定。1983 年的〈以黎協定〉使得黎巴嫩無法不受到以色列在軍事以及經濟上的影響，而將敘利亞勢力排除在外。美國和以色列都以為，軍事軟弱而且情況孤立的敘利亞將沒有選擇地接受〈以黎協定〉。然而，敘利亞卻利用黎境回教徒不斷高漲的憤恨，對抗以色列和馬龍派的勢力。在敘利亞的支持下，什葉派和德魯茲派的游擊隊與以色列占領軍進行游擊戰。他們制止馬龍派賈梅爾 (Gemayal) 政府在各地鞏固政權的努力。以色列由於傷亡嚴重，再加上擔心另一波對敘利亞的攻擊會增強蘇聯對敘利亞的軍事支持，因此決定從黎境撤軍，但是仍在黎南的安全地區支持其「南黎巴嫩軍」(South Lebanese Army)，作為其代理人。美軍遭受恐怖分子的汽車炸彈攻擊，造成二百四十多人的死亡後，亦被迫自黎境撤軍。軟弱的馬龍派政府最後被迫撤銷和以色列的協定。

阿塞德利用巴解內部的分裂，以求罷黜不聽話的阿拉法特，重塑

一個親敘利亞的巴解。然而結果是讓阿拉法特奔向敘利亞的對手——埃及——的懷抱。阿拉法特訪問開羅,打破了埃及因〈大衛營協議〉所遭受的孤立。敘利亞所支持的巴勒斯坦民族解放陣線 (Palestinian National Salvation Front) 是由很多激進的小團體所組成,雖然反對阿拉法特,但無力取代他在巴解的領導地位。1988 年馬龍派將領奧翁 (Michel Aoun) 挑戰敘利亞在黎境的地位。以色列的嚇阻使敘利亞不敢以武力解決黎巴嫩問題。

不過,1989 年的〈塔衣夫協定〉(*Taif Accord*) 合法化了敘利亞的角色。1990 年爆發科威特危機,支持奧翁的伊拉克和以色列的人士專注在此危機上,而且敘利亞加入反伊拉克陣營後,得到美國的許可,以軍事力量打敗奧翁,建立起敘利亞和平 (Pax Syrianna)。1991 年 5 月22 日的黎、敘兩國所簽的〈兄弟、合作、協調條約〉,制度化了敘利亞對黎巴嫩外交和安全政策的控制。

圖 39: 1982 年以色列軍隊入侵黎巴嫩的場面

第三節　敘、伊聯盟

1979 年伊朗革命,推翻國王巴勒維,建立回教神權國家,而敘利亞是泛阿拉伯主義的世俗共和國。因此,敘利亞與伊朗的聯盟是很不尋常的結合。敘、伊聯盟最重要的兩大原因是共同反對伊拉克和反帝國主義。反帝國主義即指反對以色列和西方在中東的霸權。次要原因

是兩國精英分子的意識型態，與區域權力平衡。

　　自 1970 年代以來，伊朗國王巴勒維使伊朗成為保護西方國家與保守的阿拉伯國家的區域強權，對抗激進阿拉伯民族主義分子，與以色列形成密切的關係。但是這種外交政策，國內的支持者很少，導致柯梅尼 (Khomeini) 成功地領導革命，推翻王權，建立新共和國。新共和國對西方和以色列轉而採取強烈敵對的立場。

　　伊朗革命後，不僅與以色列斷交，更將以色列在德黑蘭的大使館，變成中東地區第一個巴勒斯坦大使館。伊朗因此必須尋找一個同類的政權，以作為向阿拉伯世界輸出革命的新夥伴。敘利亞位於以色列的前線，西與黎巴嫩為界，也具有優良革命傳統，因而成為伊朗革命主義者結盟的最佳對象。

　　伊拉克入侵伊朗，使得兩個同屬「反大衛營阿拉伯陣線」成員成為敵國，並且導致該陣線的迅速崩潰。這使得敘利亞必須獨自面對以色列的強大勢力。雖然埃及在以色列南方的戰略地位是無可取代的，伊朗對反錫安主義的兇悍及其戰略分量，成為阿塞德心目中阿拉伯一以色列權力平衡的重要資產，也是敘利亞化解相對孤立地位的重要夥伴。

　　兩伊戰爭使敘伊聯盟從萌芽期走入現實，敘利亞與伊朗兩國對伊拉克的共同仇怨，成了聯盟的重要支柱。從敘利亞的觀點而言，它與伊拉克的歷史恩怨，已經轉變成對伊拉克總統海珊的艱難政治鬥爭。軍力強大，石油豐富，並同是由巴斯黨所統治的伊拉克，極可能成為敘利亞對抗以色列的最佳盟友。但是自從由賈迪德所領導的敘利亞巴斯黨較激進的派系，把創黨元老阿夫拉克驅逐出黨，加上伊拉克把阿夫拉克視為該國巴斯黨名譽領袖之後，兩國的執政黨便處於敵對狀態。自此，敘利亞與伊拉克兩個政權，便開始聲稱自己才是具有合法性的巴斯黨，並極欲取代對方而後快。這兩個國家自納塞去世之後，也因為爭奪作為阿拉伯民族主義分子的衣缽而反目成仇❶。

　　伊拉克在 1973 年以阿戰爭期間，的確協助保衛敘利亞。但伊拉克

譴責敘利亞參加由季辛吉所主導的和平外交，並將敘利亞的行為視作放棄巴勒斯坦人。伊拉克所提出與敘利亞和解的條件，就是敘利亞必須拒絕接受聯合國的第 242 號決議。此外，伊拉克也對敘利亞在 1976 年干預黎巴嫩一事感到憤怒。敘利亞由於這次干預所建立的霸權，損害了伊拉克的利益，因為敘利亞的這次行動，挫敗了伊拉克在該地精心安排的反抗以色列的回教徒武力。雙方對於幼發拉底河水源的爭執，也被敘利亞用作對付伊拉克的手段。敘利亞也對伊拉克所使用敘利亞境內的輸油管，收取了過高的費用。這些因素都造成這兩個政權的不合。伊拉克在 1976 年停止從敘利亞輸出石油，造成敘利亞每年損失一億三千六百萬美元。所以雙方其後恢復合作的時候，敘利亞被迫減少收費。伊拉克雖然恢復使用敘利亞的輸油管，但是它已在土耳其建立了一條替代油管，使原本通過敘利亞輸油管輸出的石油減少了三分之二。

　　以埃簽訂〈大衛營協議〉之後，敘利亞與伊拉克等國成立了「對抗陣線」，並在 1978 年恢復了邦交。然而，海珊粉碎了一個在伊拉克巴斯黨內親敘利亞派系的陰謀，並在 1979 年斷絕與敘利亞的關係。伊拉克其後更支持敘利亞的回教兄弟會對阿塞德政權的強力挑戰。

　　伊拉克於 1980 年發動兩伊戰爭後，敘利亞轉而支援伊朗，並與伊朗建立了緊密的同盟關係。除了具有相同的巴斯主義意識型態之外，阿塞德與海珊對伊朗的觀感完全不同。這主要是由於兩國在地緣政治上所面對的威脅來源不同。對海珊而言，一個發生什葉派革命的伊朗，對他整合伊拉克境內大多數的什葉派人口的努力非常不利。此外海珊也覺得自己的遜尼派阿拉伯民族主義

❶ 敘伊兩國自 1997 年改善關係。2001 年 8 月 13 日敘利亞總理訪問巴格達，兩國簽訂一系列合作協議，顯示中斷二十多年的關係已進入新的時期。

政權的生存受到了威脅。然而如果伊拉克乘伊朗革命後軍力衰弱，發動攻擊打敗伊朗，並奪取其北部盛產石油且通行阿拉伯語的庫茲斯坦省 (Province of Khuzistan)，伊拉克可以成為波斯灣與阿拉伯地區的領導國。

阿塞德卻有完全不同的看法。他認為伊朗的革命使該國從以色列的盟國，轉變成阿拉伯國家的一分子；但海珊所發動的戰爭，卻使得伊朗與伊拉克兩敗俱傷，無法協助阿拉伯國家平衡以色列的軍事優勢。阿塞德譴責伊拉克的入侵，是在錯誤的時間對付錯誤敵人的一場錯誤的戰爭。

阿塞德對伊朗的支援，與他對以色列的鬥爭及以阿權力不平衡的考量是分不開的。事實上，兩伊戰爭對以色列有利；有人認為以色列設計使這場戰爭發生。以色列透過流亡國外的伊朗人，向伊拉克提供錯誤的情報，誇大了伊朗武裝部隊的弱點。以色列也向戰爭中亟需武器的伊朗出售武器，賺取暴利。以色列的目的是與敘利亞爭相拉攏伊朗，更想恢復以色列－伊朗反阿拉伯軸心。以色列樂見兩伊戰爭使敘利亞與伊拉克反目，因為以色列害怕敘利亞和伊拉克一旦結盟，將比其他任何聯盟更能對以色列構成威脅。兩伊戰爭消耗了大量阿拉伯油源，也削弱了以色列的兩大對手。

伊拉克有廣泛的泛阿拉伯野心，欲領導阿拉伯國家在對抗以色列的戰爭中獲勝。伊拉克的這種野心，與作為前線國家的敘利亞，及阿塞德力求成為阿拉伯國家的領導人的立場是對立的。海珊支援巴勒斯坦人、黎巴嫩人與約旦人反抗大馬士革，削弱了敘利亞企圖形成一個包圍以色列的黎凡特聯盟 (Levant Coalition) 的努力。遠離前線的伊拉克對以色列採取戰爭邊緣的政策，一方面可以讓以色列與敘利亞開戰，或處於緊張狀態，另一方面可阻礙外交解決的進行。此外，伊拉克也需要西方支援自己對抗伊朗，以提高自己在以阿衝突中的地位。當敘利亞追求一種戰術性的拒絕主義 (tactical rejectionism)，並同意埃及在不放棄與以色列片面和平的情況下重返阿拉伯聯盟之時，伊拉克支持

法德國王對以阿和平的方案，以削弱敘利亞的利益。阿塞德毫無疑問期望海珊在兩伊戰爭中敗下陣來，繼而在伊拉克境內產生一個更友善的巴斯黨政權。對敘利亞而言，這樣的伊拉克更能成為以阿軍事平衡中的夥伴。此外，敘利亞支持伊朗也可避免這場戰爭演變成所有阿拉伯國家對抗伊朗的戰爭，以免以色列再度與德黑蘭建立聯繫。簡而言之，阿塞德對伊朗的政策部分是經過平衡以色列勢力的戰略計算，並非完全是基於個人對海珊的恨意。

第四節 冷戰後阿塞德調整外交政策

冷戰趨於終結時，敘利亞對莫斯科的價值大幅滑落，從而削弱了蘇聯保護敘利亞的意願，以及對敘利亞追求與以色列軍力平衡的支持。阿塞德體認到戰術性的不承認以色列已不太可能。同時，敘利亞在阿拉伯世界漸漸感到孤立。敘利亞和埃及形同陌路；與約旦、巴解和馬龍派的衝突不斷；與伊朗的結盟疏遠與伊拉克和溫和派阿拉伯國家的關係。

1989 年，阿塞德被迫做出戰術性的調整。第一個主要調整就是接納〈以埃和約〉，不再反對埃及重返阿拉伯聯盟。一方面平衡伊拉克的威脅，他方面利用埃及的斡旋來緩和美國孤立敘利亞的努力。12 月中旬，兩國恢復空運及外交關係。1990 年 7 月中旬，阿塞德訪問埃及，為十三年來的首次訪問，並在結束訪問時表示，準備有條件地參加以阿和平進程。

阿塞德的第二項外交轉變是在波斯灣戰爭中加入由美國所領導的反伊拉克陣營。1990 年 8 月初，伊拉克侵占科威特。美國領導聯軍反抗伊拉克的侵略。敘利亞是第一個譴責伊拉克的阿拉伯國家，並提供兩萬名軍隊加入聯軍。此一決定部分是藉機打擊它的主要敵人伊拉克，同時也藉此獲得沙國和科威特的財政援助，以拯救敘利亞的經濟。

然而，加入聯盟的政治風險相當高。與西方國家聯手對抗阿拉伯

民族主義國家的支持者，有損敘利亞阿拉伯民族主義的正統地位。而該地位正是阿塞德用以對付以色列的一項無形而重要的資產。因此，敘利亞參加美國領導的聯盟有可能反增伊拉克對大馬士革的潛在政治威脅。此外，聯盟的行動同樣地危害了阿拉伯對抗以色列的資產。西方的干預使得阿拉伯石油資源（本可作為和平進程的籌碼）似乎直接受到西方的掌控。在代價和利益的考量上，敘利亞並沒有非選擇加入聯盟不可。

波斯灣戰後，美國獨霸的形勢更為明顯。阿塞德了解他無法在與美國對立下，達成他的目標。因此他藉由與美國的和解及聯盟，來對以色列產生平衡的作用，並換取美國對敘利亞利益的重視。

敘利亞更試圖利用波斯灣戰爭使自己成為重建的阿拉伯安全體系的中心。敘利亞和埃及保證波斯灣安全以換取經濟援助，很明顯地試圖要彌補過去阿拉伯集體安全體系的失敗。敘利亞認為，阿拉伯世界若要免除外來的干預，阿拉伯人自己就須負起自身安全的責任。

1991 年 3 月 6 日海灣合作理事會的六個會員國與埃及和敘利亞八國外長在敘利亞首都大馬士革集會，會後發表宣言，宣布組成阿拉伯和平部隊，共同維護波斯灣地區的安全；和平部隊的主幹是埃敘部隊，而且以當時在沙國等波斯灣國家境內的埃敘軍隊為主；六國則對埃敘兩國提供相對的經濟援助。八國外長除矢言加強政軍經合作外，並表示埃敘部隊係應六國之邀協防其領土。各國於會中同意成立委員會，以討論未來安全合作的事宜。然而六國與埃敘之間的歧見，使得該委員會始終未能舉行。

未能舉行的主要原因有三。第一：海灣合作理事會國家對埃、敘兩國未來的企圖懷有戒心。第二：它們寧願維持與美國的直接軍事合作關係，因為波斯灣危機顯示，危急關頭，挺身而出，對抗侵略者，仍是美國。第三：它們不願刺激伊朗。伊朗在波斯灣戰爭中表現中規中矩，但強烈反對〈大馬士革宣言〉，認為阿拉伯國家意圖孤立伊朗，因此要求參加波斯灣地區的安全體系。

　　阿塞德外交政策的第三項調整是同意與以色列和談。美國國務卿貝克 (James Baker) 在 1991 年的多次中東之行中，盡力促使敘利亞同意參加中東和會。敘利亞總統阿塞德以往一直拒絕和以色列展開和平會談，他認為以色列在中東地區擁有絕對軍事優勢，因此在和會中不但不會讓步，反而可對阿拉伯國家予取予求，只有阿拉伯國家與以色列處於對等的戰略地位，才能迫使以色列妥協。過去在蘇聯的大力軍經援助下，敘利亞力求與以色列保持戰略平衡，可以毫無顧忌地抵制任何中東和談。但是波斯灣戰爭後，中東地區的權力平衡發生劇烈變化。以色列擁有更優勢的軍事武力，而敘利亞的波斯灣阿拉伯盟國也向阿塞德施壓，要求敘利亞加入和談，否則將停止對敘利亞的財務支持。更重要的是，敘利亞的最大支持者蘇聯已陷入分崩離析的危機，再也無法像過去般援助敘利亞。後冷戰時期，美國已成為唯一的超強，與美國保持友好關係對敘利亞較有利。因此，7 月 14 日阿塞德同意參加和會，理由是美國最新的和平計畫以聯合國安理會第 242 號和第 338 號決議為基礎，除了約束有關各造外，對巴勒斯坦人的合法權利亦有保障，並且給予聯合國扮演重要角色的機會，讓歐市國家共同參與。

　　為了促使各方接受其全面和平及以色列全面撤出占領區的構想，阿塞德於 1993 年初首度提出以軍逐步撤離及以阿談判不必同步的觀念。換言之，他不反對以色列與阿拉伯國家的個別和約，但是該等和約必須與以阿衝突的全面解決相符，並不得危害敘利亞的利益。

　　阿塞德亦向美國和以色列做出一些善意的動作，例如承諾讓美國調查人員尋訪 1982 年以軍侵黎戰爭後，失蹤以軍的下落；向來訪的美國參議員提議，允許敘境猶太人（約一千人）出境。他對柯林頓政府的期望，除了積極調停以敘和談外，尚包括提供經援，及自支持恐怖主義國家名單中除名，以便獲得外國貸款及投資。

　　1994 年 1 月 16 日美國總統柯林頓 (William Clinton) 與阿塞德在日內瓦舉行高峰會。阿塞德除了重申與以色列尋求真正和平，以換取以色列執行安理會第 242 號、338 號及 425 號決議外，並發出新的訊

息。他雖然未提與以色列建立正常的外交關係，但是首次談到正常的
和平關係，真正而持久的和平，與美國共同努力結束以阿衝突，締造
全面和平，讓中東人民在安定和安全的新世紀中努力發展經濟。他更
表明準備簽訂和約。柯林頓除了強調敘利亞在中東持久而全面和平的
角色外，支持阿塞德所提在全面和約中解決與黎巴嫩、巴勒斯坦及約
旦問題的觀念。

　　4 月美國國務卿克里斯多福 (Warren Christopher) 訪問以、敘兩國，
以求拉近雙方的觀點。4 月 29 日克卿與以色列總理拉賓 (Yitzhak
Rabin) 會談時，拉賓託其轉交阿塞德一份整套的和平方案。該方案的
要點有五：

　　㈠以色列五年內分三階段撤軍，與敘利亞關係正常化平行進行；

　　㈡第一階段中，以色列自雙方停火線東北角的三個德魯茲派村莊
　　　撤軍，敘利亞則與以色列建立外交關係，互換大使；

　　㈢第二階段中，以色列撤退屯墾居民，雙方展開全面關係正常化；

　　㈣第三階段中，以色列完成撤退（但未明定撤退的最後界限）；

　　㈤建立各項安全安排，包括非軍事化，減少軍隊的集中（大多在
　　　敘利亞境內）、早期預警站、和部署監督安全安排的國際部隊。

　　敘利亞立即拒絕拉賓的提議，因為該提議並未明確承諾撤退至
1967 年前的停戰線。阿塞德向克里斯多福提出下列五點建議：

　　㈠以色列廢除 1981 年的《戈蘭法》(The Golan Law)，並承認敘利
　　　亞對該地的主權；

　　㈡以色列須自整個戈蘭高地撤退後，敘利亞方與以色列締結和約
　　　（但未提及外交關係）；

　　㈢〈以敘和約〉為中東全面和約之一部分；

　　㈣安全安排必須對等；

　　㈤（以色列撤退後）敘利亞願與以色列討論諸如外交和經濟關係
　　　等正常化的構成部分。

　　柯林頓和克里斯多福雖然深信敘利亞誠意與以色列謀和，但是考

慮到以色列國內的反對力量，不願對以色列總理拉賓施加壓力，以促使以色列政府公開做出自戈蘭撤退的承諾，反而支持拉賓逐步撤退的方案。敘利亞在美國不支持的情形下，藉口以色列在希布倫屠殺三十多名巴人而終止與以色列的談判。

敘利亞要求以色列交出戈蘭高地，退回至 1967 年 6 月 4 日的邊界。此將使敘利亞領土達到加利利海。而該海是以色列主要的淡水湖，掌握以國部分生命線。以色列只同意撤退至 1923 年建立的國際界限，並且須顧及安全及其他重大利益。雙方在領土上之歧見只涉及幾平方英里，但是該地戰略價值很大。以色列擔心敘利亞故意或無意的汙染加利利海，或主張使用部分的加利利海。以色列曾提議以其他地區的土地交換敘利亞要求的加利利海沿岸土地，作為緩衝地帶。但是敘利亞不同意。

雙方另一分歧是安全問題。以色列要求在戈蘭高地赫蒙山設立早期預警站，並由以軍管理之。敘利亞則堅持由美法兩國人員負責。

第三項歧見是非軍事區的範圍。以色列主張非軍事區涵蓋以軍撤離的地區和 1974 年〈以敘隔軍協定〉規定的地區。敘利亞則主張依對等原則在雙方邊界劃出相等的地區為非軍事區。

為了挽救陷入停頓的以敘和談，柯林頓總統與阿塞德於 2000 年 3 月 26 日在日內瓦舉行高峰會。但是柯林頓未能促成以敘恢復和談。美國會後發表聲明指出，以敘之間歧見很深，根本不可能立即恢復和談。

第十五章
敘利亞的現況

第一節　位　置

截自第一次世界大戰結束為止，敘利亞 (Syria) 一詞仍包括今天的敘利亞、黎巴嫩、約旦及以色列等地。敘利亞今日之國土總面積有十八萬五千一百八十平方公里。北方與土耳其為界，東與伊拉克為鄰，南與約旦及以色列接壤，西則與黎巴嫩相連。

第二節　地　形

由於地理條件的差異，敘利亞形成兩個差異極大的地區：西部自北而南的極狹長地區有山嶽與峽谷匯集；東部則有面積廣闊的高原，同時也是沙漠地帶。該高原逐漸向東南降低，成為寬廣的幼發拉底河河谷。

沿地中海海岸，有一條 32.186 公里寬、180.241 公里長的肥沃低地。該地可種植橄欖、香蕉、柑橘及其他蔬果等作物。拉塔吉亞是敘利亞沿海唯一的大港。自狹長地帶朝內陸前進，為一條與其平行的努

斯利山脈 (Nusayri Mts.)。努斯利山脈高度由北往南逐漸上升，最高處可達 1,524 公尺。山脈東側高度陡然下降，與奧朗特斯河河谷相接。該河源自黎巴嫩北部山區，冬季經常泛濫，水流緩慢，向北流經並灌溉合姆斯和哈瑪地區。菸草、棉花及米等是該等地區的主要農作物。再往東則有反黎巴嫩山區，高度達 2,133.6 公尺，其中赫蒙山 (Mount Hermon) 更高達 2,743.2 公尺，為敘利亞的最高峰。此地水源殊感不足，若干溪流逐漸乾涸，形成鹽湖。耕種只能採小面積制度，偶有面積廣大者，如大馬士革四周，可耕地面積便十分廣大。大馬士革則是迄今世界上連續有人居住的最古老城市。有一條古老運河，引導來自反黎巴嫩山區的五條溪流，灌溉無缺，土地異常肥沃。赫蒙山以東有德魯茲山 (Jebel Druze)，高約 1,524 公尺，橫跨豪然高原，有山泉與溪流，適合種植橄欖與葡萄。整個南部與東部地區，或為廣大草原，或為遼闊沙漠，稱為敘利亞沙漠，實際上是阿拉伯半島大沙漠的北部延伸。此地區多岩石與砂礫，約占敘利亞總面積的三分之二，有數處高山，高度達 900 公尺以上。

敘利亞唯一的大河是幼發拉底河。它源自土耳其並斜切跨過敘利亞的東北角。它所形成的三角地區稱為耶齊爾 (Jezire)，卡布河亦灌溉該地區。這地區大規模種植大麥與棉花。大麥是這國家的主要產品，但最近棉花已是最有價值的作物。

幼發拉底河南邊現在除了合姆斯東邊的綠洲帕米亞之外是一大片沙漠。噴泉水含有硫磺，但可以飲用，也可以支持大片的棗椰樹的灌溉需要。雅木克河 (Yarmuk R.) 促進了敘利亞西南角的農業。

整體而言，敘利亞亦可視為處於地中海與沙漠間的狹長地帶，因而成為連接歐、亞、非三洲的通衢大道。

第三節　氣　候

敘利亞南部與東南部地區氣候乾旱，終年少雨。沙漠地區最高溫

可達攝氏四十六度，年平均氣溫為攝氏四十度。敘利亞的東部與北部，則雨量豐富。山區年雨量可達 1,016 公釐，但是其國內大部分地區，年平均雨量不過 254 公釐。敘利亞在氣候上屬於大陸型氣候。夏季酷熱；冬季在西部較冷；在沙漠地帶有時非常寒冷。地中海對濱海地區具有調節氣候的功用，濕度較大。冬季時夜間會結霜。高山頂峰全年大部積雪。

第四節　人口、語言和宗教

敘利亞在 2003 年的總人口為一千七百一十五萬五千八百一十四人。主要大城市有大馬士革、阿勒坡、合姆斯、哈瑪、拉塔吉亞等。大部分敘利亞人是古代閃族人的後裔，其主要居民是阿拉伯人，占人口百分之九十‧三。其他少數民族則占人口的百分之九‧七，包括庫德人 (Kurds)、土耳其人、土庫曼人 (Turkomans)、色卡西亞人 (Circassians)、亞美尼亞人、波斯人、猶太人及少數歐洲人（主要是英國人及法國人）。庫德人居於北部，土庫曼人和色卡西亞人多居於東北部。官方語言及全國通用語為阿拉伯語。在宗教方面，以遜尼派回教徒居多，占總人口的百分之七十四。但也有德魯茲派、什葉派及阿拉威派等不同派別的回教徒，占總人口的百分之十六，多集中於山區。此外，也有極少數不同教派的基督教徒，僅占總人口的百分之十。

第五節　風俗習慣

敘利亞人愛好音樂與唱歌，幾乎每個村莊都有鼓、鼓笛及各種吉他。在團體中唱歌是很流行的，通常都以團體競賽的方式，看哪一隊的聲音蓋過對方而定高下。敘利亞人將大陶管穿在腰際，將兩端的管口用皮包住，而成兩面鼓。表演者用膝蓋平衡兩面鼓，並用手指拍出節奏。對西方人而言，這樣的音調有點單調，因為阿拉伯音樂不像西

方音樂有很多音階變化,對一般外國人而言是多了神祕的色彩,但是不容易欣賞。

在敘利亞,就像在中東其他地方一樣,父親是家庭中的獨裁者。他的話就是法律,即使孩子長大了或結了婚也一樣。他們傳統上住在同一屋簷下,並由父親負責分配財務。

現今,這樣的觀念在受過教育的年輕人中有些改變。敘利亞擴張經濟的情況提供他們更多好工作,包括業務代表、政府職員、或進口商、保險員等。此種情形提供他們不再依賴父親。所有較大城市的公寓大樓不斷興建的現象,說明年輕夫婦多拒絕留在爸媽屋簷下,他們堅持自己打拼。此種發展自會導致更多負責任的市民,幫助年輕一代的成熟與獨立。

回教的傳統限制在大的現代化城市中仍然存在。甚至在最新的建築中,裡面設計有兩個接待室,一個是男用,一個是女用。男用接待室通常有一面大理石板牆壁。這是唯一一間外面的陌生人(如讀電表的人)可以進入的房間。

回教徒會款待外國客人,而不論是男客或女客,通常他的太太不會參加宴會。但是,她負責在她的接待室款待女客。只有在受高等教育而較開放的家庭中,丈夫與太太會一起當主人。

性別區分的情形還有更多。例如,有些公園是專為女人與小孩所設。女人在這裡可以將面紗拿下來聊天。很多電影院每天為女人播放日場,而為男人播放晚場。同樣的,回教徒不像西方人一樣,會問起別人的老婆。

回教徒處理生意的態度悠閒。商店中的討價還價是敘利亞的傳統之一。商品的公定價對中東是新玩意。敘利亞的生活步調因國家亟欲發展現代化而加快。在大城市中,越來越多的店家用公定價賣東西。

短促的春天是男人在城市清理毯子的時間。這項工作通常在街上進行。男人用力抖動毯子,以清除灰塵。將樟腦散佈其上,再將之捲起以便在夏天中儲存。很多家庭只在冬天租用毯子,春天時就把它還

回去。重要客人來訪時，毯子也用來裝飾家裡。家裡最好的毯子掛在露臺上，改良自破舊的彩旗而來。毯子是歡迎的象徵，表示「我家就是你家」。西方人接待重要客人時鋪紅毯的儀式可能源自敘利亞。

喪葬儀式跟歐美國家有所不同。每個回教徒死後都有自己的墓穴，而他的臉朝向麥加。死亡後喪禮很快舉行，最好是同一天。在回教國家，喪禮細節可能有個別差異，但一般屍體都會洗過，手會擺出祈禱的姿勢，而全身像木乃伊一樣用帶子綁起來。當男人抬棺至墓地時，女人在家哀悼。男性親友及陌生男人會幫忙抬送屍體。因為抬棺人相信，這樣的幫忙能使他們在天堂中得到好處。

在小鎮或都市中，可以在清真寺借到棺材並在裡面進行喪禮。有名望的家庭可能買一個新的棺材，使用後將之獻給清真寺。到達墓穴時，屍體自棺材中移到墓穴，面向麥加。村長或宗教祭司指引死人的靈魂到另一個世界，並用適當的回答給在另一個世界等他的審判天使。通常死者的家庭在家裡接待至親好友三天，朋友順便拜訪並致慰問之意。特別訓練過的盲人祭司會被邀請來吟頌《可蘭經》。

人皆有死亡，無法避免，藍色可以用來避免次於死亡的災難。阿拉伯小孩、驢子及駱駝都戴著作為對抗惡靈的藍色珠鍊。同樣地，山羊及綿羊等動物也穿戴藍色項圈，其角或漆為藍色。大部分的村落婦人也為同樣原因穿著藍色衣服。

明礬鹽晶據說在地中海區也有相同的保護功用。現今敘利亞為旅遊者祈求保護的是裝飾過的三角形明礬。計程車及巴士司機將三角明礬掛在後照鏡上。它們是乘客的安心符。這種明礬也有在意外發生時止血的功效。

農作物是由最後一束收割的大麥或燕麥所做成的「農作娃娃」所保護。這個形狀像娃娃的東西被小心收藏至來年收割時。在許多歐洲與英國的農舍，這項習俗仍然以部分或另一種歡度收割的形式存在。在敘利亞，幾世紀來農作娃娃從農田一送到家中，即成為家裡的保護神。阿拉伯村莊的娃娃是把一束大麥用彩線綁住，並用錫片包起來。

在北部邊界的村莊中，娃娃的樣子像蘇格蘭的皮囊袋。土庫曼人的娃娃有精巧的裝飾在像鑽石狀的身體上，並有鷹嘴豆圍在身體周圍。鷹嘴豆直徑約一吋半，顏色像花生，裡面有約一打的小黑種子。在家庭有災難的時候，就將豆子打開，把種子灑在火上。

星期五的中午是清真寺舉行民眾祈禱的時刻。教長率領教徒祈禱，進行短暫的證道，並且宣布一些重要的事項。回教的星期五與基督教的星期日不同，並非假日，但是商店通常會在祈禱的時刻休市。政府機構通常在當天停止辦公，越來越多的商店因而休市一天。

大多數虔誠的回教徒隨時攜帶祈禱用的小地毯，大小可容跪拜時置放雙手。窮人則使用所攜帶的任何布匹。虔誠的回教徒不喝烈酒，但是當地釀造的葡萄酒則視為有利消化的飲料。

敘利亞與其他回教國家一樣，回曆的第九個月是齋戒月。由於回曆採用陰曆算法，所以每年齋戒月的第一天會比上年早十一天。當天色破曉時，齋戒開始，回教徒不吃、不喝亦不抽菸，直到太陽下山為止。通常齋戒的起迄時刻由各地的宗教委員會決定，再以鐘鼓、煙火或鳴槍等方式通告大眾。每天齋戒結束後，教徒開始大吃大喝。穆罕默德規定，小孩、孕婦、老人、病人及旅客可以免除齋戒的規定。齋戒月結束後，會有三天盛宴慶祝，稱為「衣岱爾費特」(Idel-Fitr)，如同中國的春節一樣，人們穿新衣，親友互相拜訪並致贈禮物。

虔誠的回教徒一生之中，至少要到麥加或耶路撒冷朝聖一次。回曆的第十二個月是朝聖月。自土耳其、和伊拉克前往朝聖的教徒，皆會經過大馬士革。大馬士革通往聖地的火車因而被稱為「朝聖火車」。朝聖月的最後三天亦是節慶日。人們會殺羊慶祝。羊分為三份，一份由家人食用，一份由親友食用，其餘的送給窮人。

敘利亞其他的重要節日包括 3 月 8 日的國慶日，4 月 6 日的烈士節，4 月 17 日為獨立紀念日，11 月 29 日的追悼亞歷山大里塔被法國割讓給土耳其的紀念日。

第六節　憲　法

1973 年阿塞德執政的初期，敘利亞通過了新的憲法，沿用至今。新的憲法下，總統是一國的元首，而總理則是行政機關的首長。新憲法亦規定，敘利亞是一個民主的、人民的、社會主義的國家；敘利亞國體由立法、行政以及司法三個部門所構成。

立法部門就是人民議會，議員由秘密、直接且平等的投票所產生。人民議會於 1971 年 2 月 21 日成立，一屆四年。1998 年 12 月，進行了新一屆議會的選舉產生了二百五十名議員，其中工人和農民代表一百二十七名，其他階層代表一百二十三名。議長卡杜拉 (Abdul Qader Qaddourah)，自 1990 年 6 月首次當選，已經連任兩次。然而，並非唯有人民議會擁有立法權。總統可以在人民議會會期中或會期休會期間依照社會實際的需要，制定法律。只是，人民議會擁有複議的權利，也就是在下個會期以三分之二的票數否決總統所制定的法律。此外，地方下設地方議會，亦是由人民所直選產生。

行政部門方面，敘利亞的總統擁有很大的權力。總統一任七年。依照憲法第八十四條的規定，人選是經由巴斯黨地方領袖建議，再交由人民議會通過提名，最後由年滿十八歲的公民投票選出。人選倘若未超過絕對多數，則人民議會必須重新提名新的人選。憲法第三條明文規定，總統必須是回教徒，此外第八十三條也規定總統必須是敘利亞－阿拉伯人。總統當選後，指派內閣以及總理。

司法部門則是一獨立的機構。回教的法律是立法的主要來源。最高法院決定相關的憲法解釋。法官是四年一任，由總統任命。此外還設有高級司法會議 (High Judicial Council)、最高法院 (Court of Cassation) 及國家安全法院 (State Security Courts) 等等。

目前，國家的領導名義上來自全國進步陣線 (National Progressive Front)。它是一個廣泛的執政聯合，由巴斯黨 (Ba'ath Party)、阿拉伯社

❶又稱阿拉伯社會黨，成立於1950年，1953年與復興黨合併，1961年又從復興黨中分裂出來。

❷1924年11月成立，前身是敘利亞和黎巴嫩共產黨，1958年1月分別成立黎共和敘共。1954年以後，參加敘國內反帝民族力量組成的民族民主陣線。目前，敘國有兩個共產黨組織，即費薩爾派及巴格達什派，兩派在政府中均有一部長席位。

會主義黨 (Arab Socialist Party)、社會主義聯合民主黨 (Socialist Unionist Democratic Party)、阿拉伯社會聯合運動 (Arab Socialist Unionist Movement)❶、敘利亞阿拉伯社會主義黨 (Syrian Arab Socialist Party)、敘利亞共產黨 (Syrian Communist Party)❷所組成。然而，依據憲法第八條的規定，巴斯黨是敘利亞國家及社會的領導政黨，它帶領整個陣線，目的是要聯合所有可能的阿拉伯群眾，實現建立一個阿拉伯國家的願望。陣線是以多數決決定領導者，所以通常巴斯黨的祕書長就是陣線主席，而此人通常即是敘利亞的國家元首。1998年11月30日–12月1日的選舉中,全國進步陣線贏得了百分之六十七的選票，在二百五十位席次中共獲得一百六十七席，而巴斯黨一黨就獲得一百三十五席。另外獨立參選者也拿下了八十三席。

　　根據憲法，敘利亞是共和國。總統有任期，人民享有言論和出版等自由。然而，阿塞德自1971年出任總統後，事實成了終身總統，集大權於一身。敘利亞的政治是典型的威權政治。憲法賦予人民的自由受到威權政治的嚴密限制，不得超過政府規定的範圍和程度。在此情形下，反對政府的勢力沒有合法存在的空間，只能存在於體制之外。但是反對勢力於1982年在哈瑪起事失敗後，即一蹶不振。伊拉克與伊朗戰爭期間，伊拉克曾因敘利亞支持伊朗而支持敘利亞境內的反對勢力，但是未獲實際效果。1990年代，由回教教士與信徒所組成的「敘利亞伊斯蘭陣線」(The Islamic Front in Syria) 成為反對勢力，但是勢力薄弱。

　　敘利亞反對勢力的微弱，使得巴斯黨及阿塞德家族對政權的控制未因阿塞德之去世而受到不利的影響。

2000年6月，阿塞德驟然逝世。其子巴塞爾 (Bashar al-Assad) 以三十四歲的年紀接任。巴塞爾自1994年便被視為是阿塞德的接班人。他在其父去世後，很快地接掌軍隊，也成為巴斯黨的領袖，然後成為總統。7月11日，敍利亞舉行公民投票，巴塞爾當選總統。官方宣布的結果是，幾乎百分之百的選民都參加了投票，支持巴塞爾的占百分之九十七。

圖40：阿塞德（右）與巴塞爾（左）巴塞爾其父阿塞德於2000年6月去世後，繼任總統。

第七節　交　通

鐵路方面，根據美國中情局2003年的統計，敍利亞現在共有2,750公里，其中標準軌道已達2,423公里。火車主要的幹道是從大馬士革到阿勒坡、哈瑟克 (Deir Ez-Zur, Hassake) 到工密斯立 (Qomishli)。另一條支線則是從阿勒坡通到沿海港口拉塔吉亞。公路方面則已有41,451公里，其中鋪設完成的總計有26,299公里。國際機場以大馬士革機場為主。此外，阿勒坡機場也相當重要。

第八節　教　育

敍利亞另一項主要的投資便是教育。法國人離開後，只留下低識

字率以及少數的學校。而現在幾乎整個國家八百萬人的四分之一，都在教育機構中接受教育。與 1946 年相比，現在在中等學校就讀的學童人數約是過去的四十倍。大學生的數目也超過了六萬五千人，其中女性占三分之一。大馬士革大學，是歷史最悠久，也是最大的學校，不論任何一門課，包含科學學門，都用阿拉伯文教授。自然科學學門約占學生總數的百分之四十，其中包含了六千名修習工程的學生，有趣的是這類學生中，女性不超過六百人。大學教育對敘利亞人、巴勒斯坦人都是免費，但是若學生未通過期末考試，則必須賠償學費。國家對高等教育的投資平均是每一人一百六十三元敘利亞幣，這在一個經濟吃緊，四分之一的預算需用在軍事方面的國家中，算是相當偉大且有遠見的。此外，每個敘利亞青年男子，都必須服三十個月的義務役。

第九節　經　濟

　　敘利亞於 60 年代大規模推行工業化計畫前，幾乎是一個單純的農業國家。國家在整體的經濟上扮演著主要的角色。百分之四十的人民務農。原本敘利亞只有約百分之三十的土地可以耕種。1970 年代開始，由於政府大力建設灌溉工程，促使敘利亞田地的耕作比率超過了百分之五十。較為肥沃的田地是位於沿海的努沙尼亞行省 (Jabal al-Nusayriyah)、阿勒坡附近、介於哈瑪與合姆斯之間的地帶以及大馬士革地區。此外還有幼發拉底河與卡布河流域間的土地，這個被稱作是「加及拉」(Al-Jazira)，阿拉伯文意指為「島嶼」的地方，也是重要的肥沃地帶。主要的農作物包括了小麥、馬鈴薯、甜菜、大麥、棉花、菸草、雞豆 (chickpeas) 以及扁豆。飼養許多的豬、牛以及羊，因而有大量的乳製品。近年來觀光事業也蓬勃發展。

　　不過，敘利亞大部分的地區還是需要灌溉，即便是降雨量較大的地區，亦復如此，那是因為雨量通常都集中在冬季，而非作物生長的季節。主要的農業仍在發展水準之下，大約有百分之八十的土地需要

仰賴雨水的灌溉。儘管在一般降雨量時，敘利亞擁有充足的水源儲蓄設施，但是供水設施與民眾需要仍有一段不小的差距，因而導致有關分配的問題。水源問題更因人口的快速上升、工業擴張以及水資源汙染而更形加重。此外，土壤因肥料的過度使用或不當使用而成為敘利亞農業所面臨的新問題。

畜牧業方面，敘利亞的驢子是飼養的動物之一。牠們都能載很重的東西，通常都很溫順聽話。驢子是窮人的汽車，在城鎮及田野到處可見，牠身上一大堆的袋子及行李幾乎將牠藏起來了。

山羊是一般牧人收入的來源。綿羊是肉品的來源，但像山羊一樣，也提供奶類及毛皮。牠們也能在很小的牧場中存活。大部分綿羊是亞洲肥尾種。牠們的尾巴像海貍一樣，能供應很多食用油。

駱駝在西元前 1100 年就從亞洲引進以運載重物。貝多因人飼養工作的駱駝，也飼養比賽的駱駝。駱駝是比山羊或綿羊更有價值的動物。牠除了提供最佳的運輸工具外，也提供肉、奶及毛。牠的皮成為最好的布料。

阿拉伯馬是現今大部分西方馬的祖先。馬及雙輪戰車約在西元前十八世紀由希克索人引進至敘利亞和埃及。這種特別品種的阿拉伯馬為賽馬的熱門品種，掀起了養殖風。合姆斯及貝多因帳幕周圍是養馬的中心區。很多貝多因人以他們的馬為榮，並能追溯幾百年前的光榮歷史。

工業方面，大馬士革、阿勒坡、合姆斯是主要的工業中心。主要的製造業是紡織、煉油業、加工食品、飲料業、化學工業以及精密工業。手工藝像是絲織品、皮製品或是玻璃製品也大量製造。主要的礦產是石油，主要產地是在東北部的卡拉契克 (Karachuk)。天然氣也是主要的礦產。除此之外還有磷酸鹽、石灰石與鹽。伊拉克以及約旦的輸油管線都經過敘利亞，至於卡拉契克，也有輸油管通往地中海海岸。

自 1974 年起，石油成為敘利亞重要的歲收來源之一，1990 年代末期石油已占其出口的百分之六十五。拉塔吉亞和塔爾托斯 (Tartus) 是

主要的輸出港口。拉塔吉亞自 1950 年敘利亞與黎巴嫩解除關稅同盟之後，便有很大的改進，敘利亞大部分的貨物都是以該港為集散地。每年敘利亞進口總值總是高於出口總值。最主要的進口品是機械、設備、食品、金屬、紡織、化學品以及消費用品。主要的輸出品除了石油之外，還有紡織品、農產品、磷酸鹽。主要的貿易夥伴分別是德國、義大利、法國、黎巴嫩以及沙烏地阿拉伯。

　　毫無疑問的，敘利亞過去最大的投資是幼發拉底河大壩，是整個國家的驕傲。它的功能有兩個層面：提供敘利亞全國百分之九十七的電力，灌溉過去貧瘠而沒有生產力的土地。大壩預定十年內建成，但是在 1978 年 3 月提早一年完工。它包含了幾項工程：建造一個有 80 公里長的新湖，以總統阿塞德的名字命名；遷走鄰近河岸的一百個村莊，並建立一個名為托拉（Al-Thaura，意思為「革命」）的全新市鎮以容納建壩所需的一萬名工人；建立電廠和灌溉管線。

　　這座水壩不只是一個大型的水利工程和發電廠，也是耗資十五億敘利亞幣，以現代科技吸引遊客的觀光景點。蘇聯派遣一千名工程師到敘利亞，每人負責訓練一個敘利亞工程師，然後放手讓他們操作水壩的設施。八部渦輪機中的四部發出嗡嗡的聲響，每一部都能製造出一萬四千二百萬瓦的能量。

　　在大壩之下，幼發拉底河盆地有七個灌溉區，這些土地面積有六十四萬公頃，超過過去敘利亞可灌溉地區的總和。由法、俄、日和羅馬尼亞的農業專家所組成的實驗計畫，已產出可觀的麥、棉花、稻米和蔬菜，其中某些作物的產量是過去的五倍。

　　1965 年巴斯黨執政，推行社會主義的經濟政策。1970 年阿塞德執政後，修改激進的社會主義路線，謹慎的鼓勵並保護商界的權益。1980年代晚期，阿塞德進一步推動經濟自由化。推動的主要原因是阿塞德與回教兄弟會的長期鬥爭至 1982 年達到最嚴重的程度。阿塞德鎮壓該會在哈瑪鼓動的暴動，造成千餘人的死傷。阿塞德為了鞏固其政權，以經濟的改革作為手段。自由化另一重要原因是敘利亞的外交政策使

得其外援與外匯收入大減，造成 1980 年代中期匯兌危機。第三個重要原因是計畫經濟失敗。敘利亞只有順應世界潮流，經濟上採行開放政策。1991 年 5 月敘利亞公布〈第 10 號投資法〉，充分反映了開放政策。該法大力鼓勵敘利亞人、阿拉伯人甚至外國人在敘利亞進行投資，投資的範圍包括以往保留為國營事業的部門，然而敘利亞基本設施的不足、過時的科技基礎、不良的教育體系、人力資源的缺乏，都使得敘利亞在吸收外資方面的成就有限。

Syria

附　錄

大事年表

6000	左右	敘利亞出現農業。
5000	左右	耶利哥出現人類的聚落。
4000	左右	敘利亞人開始使用銅器。
2500	左右	阿摩利人自阿拉伯半島進入敘利亞。
2450		巴比倫國王薩爾貢一世征服敘利亞。
2400	左右	埃及人控制巴勒斯坦和黎巴嫩。
2100	左右	胡里人控制敘利亞北部。
2000	左右	阿摩利人開始農耕生活。
1600	左右	迦南人出現於敘利亞北部的地中海沿岸。
1500	左右	腓尼基人發明字母。
		亞蘭人進入敘利亞。
1400		赫堤人征服敘利亞北部及中部。
1250	左右	希伯來人入侵巴勒斯坦東部。
1200	左右	非利士人征服巴勒斯坦沿海地區。
1094		亞述人征服敘利亞。
1004–963		大衛王建立希伯來王國。
721		亞述國王薩爾貢二世消滅北國以色列。
597		新巴比倫帝國國王尼布甲尼撒占領耶路撒冷。
538		波斯帝國國王西流士攻取巴比倫，敘利亞併入波斯帝國。
333		亞歷山大大敗波斯軍隊，進入敘利亞。

323	亞歷山大去世。
312	西留庫斯在敘利亞建立王朝。
198	安提阿克斯大帝大敗埃及軍隊。
85	哈利塔斯三世成為大馬士革的統治者。
64	羅馬人占領敘利亞。
53	克拉蘇於敘利亞戰場被巴底亞軍隊所殺。
40–36	安東尼統治敘利亞。
33	希律在耶路撒冷自立為王，重建猶太人的聖殿。

西元

70	羅馬軍隊攻下耶路撒冷，摧毀聖殿，消滅猶大國。
106	羅馬人消滅納巴特王國。
251	薩珊尼王朝（波斯）入侵敘利亞。
260	波斯軍隊大敗羅馬軍隊，生擒羅馬皇帝。
271	巴米拉女王宣布獨立。
274	巴米拉女王被囚送至羅馬。
312	基督教成為羅馬帝國的國教。
330	君士坦丁堡成為羅馬帝國的第二個首都。
395	羅馬分裂。
451	修院教派成立。
476	日耳曼攻陷羅馬。
540	波斯人火焚阿勒坡。
611–624	波斯人蹂躪敘利亞。
628	拜占庭皇帝赫拉克留士收復敘利亞。
633	穆罕默德去世。
634–636	阿拉伯人征服敘利亞。
639	哈里發烏瑪將敘利亞分為四個軍區。
640	穆微亞出任敘利亞總督。

656	哈里發烏斯曼被叛軍所殺，阿里繼位，遷都至庫法。
657	哈里發阿里與穆微亞會戰。
661	阿里遇刺身亡，穆微亞繼任哈里發。
674	阿拉伯軍隊進攻君士坦丁堡失敗。
680	胡笙及其隨從於卡爾巴拉被殺。
691	哈里發馬立克在耶城興建「聖岩圓頂寺」。
692	祖拜耳之亂平定。
710	阿拉伯軍隊攻入西班牙半島。
732	阿拉伯軍隊攻入法國。
762	曼疏建立巴格達城，阿巴斯王朝興起。
858	慕達瓦基遷都大馬士革。
868	土倫尼王朝興起。
935	穆罕默德自封為埃及的統治者。
909	法蒂瑪王朝興起。
1055	阿巴斯王朝向塞爾柱蘇丹稱臣。
1070	塞爾柱軍隊占領阿勒坡、耶路撒冷等地。
1095	教皇烏爾班二世號召十字軍東征。
1098	十字軍建立愛德沙伯國和安提阿公國。
1099	十字軍攻下耶路撒冷，建立耶路撒冷王國和的黎波里伯國。
1169	阿育布王朝興起。
1177	薩拉丁攻占敘利亞。
1192	十字軍與薩拉丁簽訂和約，瓜分敘利亞。
1250	阿巴斯王朝終結。
1260	拜巴爾斯大敗蒙古軍，收復敘利亞。
1516	鄂圖曼帝國征服敘利亞。
1590–1635	法赫丁家族統治黎巴嫩。
1780	阿邁德出任敘利亞總督。

1831–1840	伊布拉欣統治敘利亞。
1866	美國傳教士在貝魯特創立美國大學。
1908	青年土耳其黨政變成功。
1916　6月	漢志大酋長胡笙宣告脫離鄂圖曼帝國而獨立為王。
1917　11月	英國發表〈巴爾福宣言〉。
1918　10月26日	英國與阿拉伯聯軍攻下大馬士革。
1919　7月	敘利亞人要求獨立建國。
1920　4月	聖萊姆會議分別將敘利亞與伊拉克交由法、英委任統治。
1920　7月	法軍攻下大馬士革。
1941　5月	自由法國政府宣布結束委任統治。
1943　8月	敘利亞獨立。
1945　3月22日	敘利亞成為阿拉伯聯盟的創始會員國。
1945　4月12日	敘利亞加入聯合國。
1946　4月17日	法國軍隊撤離敘利亞。
1947	聯合國通過巴勒斯坦分治計畫。
1948　5月14日	以色列宣告建國。
1948　5月15日	敘利亞加入對以色列的戰爭。
1949	敘利亞發生三次政變。
1953	敘利亞頒布新憲法。
1956　10月30日	以色列進攻埃及西奈半島。
1958	敘利亞與埃及合併。
1961	人民黨執政。
1963	巴斯黨政變成功，4月敘利亞、埃及、伊拉克三國同意聯合。
1967	敘利亞在以敘戰爭中喪失戈蘭高地。
1970	阿塞德領導政變成功。
1976	阿塞德干涉黎巴嫩內戰。

1980		敘利亞與伊朗結盟。
1982		敘利亞分別與以色列、馬龍派和巴解在黎巴嫩對抗。
1989		〈塔衣夫協定〉確立敘利亞在黎巴嫩的優勢。
1990		敘利亞加入美國領導的聯軍，對抗伊拉克。
1991		敘、黎簽訂〈友好合作條約〉；敘利亞參加馬德里中東和會。
1994	1月16日	美、敘兩國總統於日內瓦舉行高峰會。
1999	12月	以、敘雙方舉行高峰會。
2000	3月26日	美、敘兩國再度於日內瓦舉行高峰會。
1991		敘利亞公布〈第10號投資法〉。
1998	1月	人民議會議員改選。
2000	6月	阿塞德去世，其子巴塞爾當選為總統。

中外名詞對照表

Ab-al-Misk Kafur　凱福

Abd-al-Hamid　哈米德

Abdal-Malik　馬立克

Abd-Ibn-al-Zubayr　祖拜耳

Abu Bakr　巴克

Abu-Firas　費拉

Abu-Qurrah　古拉

Acre　阿克

Actium　艾頓

Adib al-Shishakli　席塞克利

Ahmed al-Jazzar　阿邁德

Ahmed Bakr　巴克爾

Ahmed Ibn-Tulun　土倫

Ahmose I　阿摩斯一世

Akkadian　阿卡語

Akram Haurani　豪藍尼

Alawites　阿拉威派

Aleppo　阿勒坡

Alexander Severus　亞歷山大

Alexander the Great　亞歷山大大帝

Alexandretta　亞歷山大里塔

Al-Ghazali　迦沙里

Allaqah　阿拉克

Alp Arslan　艾爾普

Amin　阿敏

Amin al-Hafaz　海費茲

Amorites　阿摩利人

Amoritic　阿摩利語

Antigonus　安帝公努斯

Anti-Lebanon Hills　反黎巴嫩山脈

Antioch　安提阿

Antiochus III　安提阿克斯三世

Antipater　安帝巴特

Anti-Taurus Mountains　反陶魯斯山

Antony Mark　安東尼

Apamea　阿帕米亞

Apollo　阿波羅

Aqaba　阿卡巴

Arabic　阿拉伯語

Arab Legion　阿拉伯軍團

Aradus　阿拉杜斯

Aramaeans　亞蘭人

Aramaic　亞蘭語

Arles　阿爾里斯

Armageddon　亞美吉頓

Armenians　亞美尼亞人

Ascalon　阿斯卡隆

Ashraf　阿希拉夫

Assyrians　亞述人

Atsiz　艾茲

Aulus Gabinius　伽比努斯

Autun Sa'adih　沙德

Avignon　亞威農

Award　阿瓦德

Aybak　埃巴克

Aziz　阿濟茲

Baal　巴爾

Baalbek　巴貝克

Babylon　巴比倫

Baldwin　包德溫

Balkh　巴庫

Baluchistan　俾路支斯坦

Balwin　包爾溫

Banias　班尼亞斯

Bara　巴拉

Bartria　巴特利亞

Batrun　巴特倫

Bayazid I　巴葉濟德一世

Baybars　拜巴爾斯

Bay of Biscay　比斯開灣

Beirut　貝魯特

Belisarius　貝里薩留斯

Ben-Hadad　本哈達

Berbers　柏柏人

Biqa　貝卡

Bohemond　波希蒙

Book of Job　約伯記

Bosra　波斯拉

Bouillion　布容

Boulogne　布隆

Bukhara　布哈拉

Butrus al-Bustani　布斯塔尼

Buwayhids　布韋希

Byblus　巴布魯斯

Cadiz　卡迪茲

Caesarea　西撒利亞

Caliph　哈里發

Canaan　迦南

Canaanite　迦南語

Canaanites　迦南人

Cappadocia　卡巴多西亞

Capuchin　加普教會

Caracalla　卡拉卡拉

Carchemish　卡撒美什

Carmathians　卡馬辛派

Carthage　迦太基

Chalcedon　迦克敦

Chalcolithic　銅器石器混用時代

Chaldeans　查爾丁人

Charles The Martel　馬泰爾

Chosroes I　查斯羅爾斯一世

Cilicia　西里西亞

Circassians　色卡西亞人

Cleopetra　克麗奧佩脫拉

Constantine　君士坦丁

Cordova　哥多華

Corinth　科林斯

Crassus　克拉蘇

Cryrus　西流士

Ctesiphon　西堤斯芬

Cyrenaica　塞然尼卡

Cyrrhus　沙胡斯

Cyzicus Peninsula　斯茲庫斯半島

Damascus　大馬士革

Daniel　但以理書

Darazi　戴賴齊

Darius　大流士

Deir Sam'am　達爾沙曼

Demetrius II　德米地留斯二世

Dephne　狄芬尼

Diocletian　戴克里先

Djabel Druze Mountains　約伯爾德魯茲山

Djabel Sharki Mountains　約伯爾夏基山

Djerablus　吉拉布魯斯

Dome of The Rock　聖岩圓頂寺

Druze Sect　德魯茲派

Duqaq　杜卡

Ecclesiastes　傳道書

Edessa　愛德沙

Edom　伊頓

Elagabalus　俄拉格巴魯斯

Ethiopic　衣索比亞語

Euphrates R.　幼發拉底河

Fakhr al-Din　法赫丁

Fatimah　法蒂瑪

Faysal　費沙爾

Fustat　富士塔

Galicia　加里西亞

Gaza　加薩

General al Hajjaj　哈惹將軍

Geta　吉塔

Gezer　吉薩

Ghassanids　喀薩尼人

Godfrey　格弗瑞

Guy of Lusignan　蓋伊

Hadi　哈地

Hakim　哈金

Hallspont　希勒斯邦

Hama　哈瑪

Hamdanids　韓丹人

Hamzah Ibn-Ali　漢沙

Harithath I　哈利塔斯一世

Harran Plain　哈蘭平原

Harun al-Rashid　哈倫

Hasan　哈山

Hashim Attassi　阿塔西

Hattin　哈亭

Hawran Plateau　豪然高原

Hazael　哈澤

Hebrew　希伯來語

Hejaz　漢志

Herat　赫拉特

Herod　希律

Hierapolis　希拉波利斯

Highlands of Aragon　阿拉崗高地

Hisham　希山

Hitti　赫堤

Hittites　赫堤人

Homo Sapiens　智人

Homs　合姆斯

Horites　賀立人

Hulagu　胡拉古

Hurrian　胡里語

Hurrians　胡里人

Husni al-Zaim　柴穆

Hussyn　胡笙

Hyksos　希克索人

Ibn-Raig　雷格

Ibrahim　伊布拉欣

Idlib　衣得立

Idumaeans　伊都瑪人

Ignatius　伊格納修斯

Ikshidid Dynasty　衣克錫王朝

Imad-al-Din Zengi　張紀

Iskanderun　依斯肯德仁

Ismail　伊斯邁

Ismailite　伊斯邁教派

Ituraeans　伊圖亞人

Jacob Barradaeus　巴拉迪斯

Jacobite　雅各派

Jamal Abd-al Nasser　納塞

Jamal Pasha　賈瑪爾

Jericho　耶利哥

Jerusalem　耶路撒冷

Jesuit　耶穌會

Jews　猶太人

Jezire　耶齊爾

Judah　猶大

Judas　猶大斯

Judea　猶地亞

Julia Domna　多姆娜

Julia Maesa　瑪薩

Justinian　查士丁尼

Justin Martyr　馬泰

Kabah　天房

Kairawan　凱拉灣

Karachuk　卡拉契克

Karbala　卡爾巴拉

Kashgar　喀什葛爾

Khabur　卡布河

Khaled Bigdash　畢克達斯

Khalid Ibn-al-Walid　瓦立

Khalil al-Khuri　胡列

Kharijites　卡日賈派

Khurasan　庫拉山

Kurasanians　庫拉山人

Kilab　奇拉普人

Klumarawayh　庫馬拉威

Konya　孔亞

Kufah　庫法

Kurds　庫德人

Kusbari　庫斯巴瑞

Lakhmids of al-Hirah　希拉的拉卡
　密

Latakia　拉塔吉亞

Latani　拉塔尼

Lazarist　拉札爾教會

Loire　羅爾

Lucullus　魯克路斯

Lydia　利地亞

Lyon　里昂

Maccabean Alexander Jannaeus　傑
　納尼斯

Maccabaeus　馬克白

Magnesia　馬格尼西亞

Mahdi　馬地

Malaga　馬拉卡

Malatya　馬拉泰亞

Malikshah　瑪力克沙

Mamelukes　馬木魯克

Mamun　馬門

Mandaic　曼德語

Mani　馬尼

Mansur　曼疏

Manzikert　曼茲克特

Marash　瑪拉什

Mardin　馬丁

Mari　馬里

Marmara Sea　馬摩拉海

Maronite　馬龍派

Maruf al-Dawalibi　達瓦利比

Marwan　馬萬

Maslamah　瑪薩拉瑪

Massyaf　馬沙夫

Media　米地亞

Megiddo　米吉多

Memphis　曼非斯

Me Nbedj　米拜吉

Merka　木爾卡

Merv　默伏

Mirdasias　米爾達斯人

Mitanni　米塔尼

Moab　默亞

Mohammed　穆罕默德

Monophysitian　修道院派

Mosul　摩蘇爾

Mount Carmel　卡麥爾山

Mount Hermon　赫蒙山

Muawiyah　穆微亞

Muhammed Ali　阿里

Muhammed Rashad　拉希德

Munif Razzaz　拉載茲

Murjirtes　摩賈派

Musa Ibn-Nusayr　慕沙

Muslin　穆斯林

Mutanabbi　摩坦那比

Mutasim　慕達辛

Mutawakki　慕達瓦基

Nabataean　納巴特語

Nabataeans　納巴特人

Negev Desert　納吉夫沙漠

Najf　納吉夫

Narbonne　納邦

Natufian Cave　納圖菲山洞

Nazim al-Qudsi　古德西

Neanderthal Man　尼安德特人

Nebuchadnezzar　尼布甲尼撒

Nicaea　尼西亞

Nicator　尼卡多

Nicephorus　尼西弗魯斯

Nineveh　尼尼微

Nubia　努比亞

Nur-al-Din Mahmud　努爾丁‧馬
穆德

Nusayri Mountains　努斯利山脈

Nusayriyah　努塞爾派

Obidath I　奧比達一世

Octavian　屋大維

Origen　俄利根

Orontes River　奧朗特斯河

Ostia　奧西地亞

Othman　奧斯曼

Ottoman　鄂圖曼

Oxus River　奧蘇斯河

Palestine　巴勒斯坦

Palmyra　巴米拉

Palmyrene　巴米拉語

Papinian　巴比寧

Pathians　巴底亞人

Patriarchs　巴特利亞人

Persians　波斯人

Persiapolis　波斯城

Petra　佩特拉

Philistines　非利士人

Phoenicia　腓尼基

Phoenician　腓尼基語

Poitiers　波蒂爾

Pompey　龐培

Ptolemy　托勒密

Ptolemy Euergetes　托勒密‧猶蓋
茲

Punic　布匿語

Qadesh　喀德什

Qomishli　工密斯立

Qulawun　郭拉溫

Ramlah　蘭姆拉

Raqqa　拉瓜

Ras Sharmra　拉斯夏姆拉

Raymond　雷蒙

Resafa　雷沙發

Ridwan　立宛

Rustan　魯斯坦

Sabians　薩比教徒

Saffah　沙發

Said　塞德

Saladin　薩拉丁

Salah Jadid　賈迪德

Salhiye　沙里耶

Salih Ibn-Mirdas　沙立

Salim I　塞里木一世

Samaria　撒馬利亞

Sami al-Hinnawi　希那威

Samuel　撒母耳

Samos　薩摩斯

Samarra　撒瑪拉

Saone　沙翁

Saragossa　薩拉哥薩

Sargon I　薩爾貢一世

Sargon II　薩爾貢二世

Sasanid　薩珊尼

Saul　掃羅

Sayf　塞夫

Scythopolis　希陀波利斯

Seleucide Empire　西留庫斯帝國

Seleucus　西留庫斯

Seljuks　塞爾柱人

Semite　閃語

Semites　閃族人

Septimius Severus　色伏魯斯

Seville　塞維爾

Shajar-al-Dun　夏雅

Shalmaneser III　夏爾曼奈塞三世

Sharif　沙立夫

Shem　閃

Shihabi　什哈比

Shiites　什葉派

Shubbiluliuma　舒比魯留瑪

Sidon　錫登

Simon　西門

Soueide　蘇埃得

Sulayman　蘇萊曼

Sulayman I　蘇萊曼一世

Suleiman　蘇里曼

Sumerians　蘇美人

Sunnites　遜尼派

Susa　蘇沙

Syria　敘利亞

Syrian Desert　敘利亞沙漠

Syrian Nationalist Party　敘利亞民

族主義黨

Takrit　塔克里特

Tallah　塔拉

Tapaqa　塔巴瓜

Tariq　塔立克

Tartus　塔爾托斯

Taurus　陶魯斯山

Tayyi　泰義人

The Assyrian Empire　亞述帝國

The Fertile Crescent　肥沃月彎地區

Theodorus　提奧多魯斯

Theodosius　狄奧多西

Thermopylae　特摩派里

The Umayyad Mosque　烏瑪雅清真寺

Thrace　色雷斯

Thutmose III　杜摩斯三世

Tiberias　提比里亞湖

Tiglathpileser III　提克拉特皮勒斯三世

Tigranes　提格拉尼

Timir Lang　帖木兒

Toledo　托雷多

Tortosa　土陶沙

Toulouse　土魯斯

Tours　吐爾

Trajan　圖拉真

Transjordan　外約旦

Tripoli　的黎波里

Tughril　突格里勒

Tulunid Dynasty　土倫尼王朝

Turkestan　土耳其斯坦

Turkish　土耳其人

Turkomans　土庫曼人

Tutush　圖圖什

Tyana　泰雅娜

Tyre　泰爾

Ugarit　烏喀立特

Ulpian　烏爾盤

Umar　烏瑪

United Arab Republic　阿拉伯聯合共和國

Urban II　烏爾班二世

Uthman　烏斯曼

Utica　烏迪卡

Yarmuk　雅木克

Yazid　雅茲

Yusseff Zayen　查嚴

Zahir al-Umar　札希爾

Ziyad　齊亞德

Zoroastrians　祆教徒

參考書目

周煦，《冷戰後美國的中東政策》，臺北：五南，民國 90 年。

朱張碧珠，《泛敘利亞主義：歷史與政治之分析》，臺北：三民，民國 82 年。

Copeland, Paul W., *The Land and People of Syria*, New York: Lippincott, 1964.

Ehteshami, Anoushisavan, and Raymond A. Hinnebusch, *Syria and Iran: Middle Powers in a Penetrated Regional System*, London: Routeledge, 1997.

Lewis, Peter, *Syria: Land of Contrast*, Leeds: Arnold & Son, n.d.

Hitti, Philip K., *Syria: A Short History*, New York: Collier Books, n.d.

Kienle, Eberhand, ed., *Contemporary Syria: Liberalization Between Cold War and Cold Peace*, London: University of London, 1994.

Glubb, John Bogot, *Syria, Lebanon, Jordan*, New York: Waller and Co., 1967.

Rathmell, Andrew, *Secret War in the Middle East*, London: I. B. Twuris Publications, 1995.

Yamak, Labib Zuwiyya, *The Social Nationalist Party and Ideological Analysis*, Cambridge, Mass.: Harvard University Press, 1969.

Van Dam, Nikolaos, *The Struggle for Power in Syria*, London: I. B. Tauris Publications, 1996.

菲律賓史——東西文明交會的島國

由於特殊的殖民背景，菲律賓融合了傳統東方文化與現代西方文明，在「外表東方，內心西方」的十字路口，且看菲律賓如何在殖民統治下，努力走向獨立的民主國家，走出屬於自己的獨特道路。

約旦史——一脈相承的王國

位處於非、亞交通要道上的約旦，先後經歷多個政權更替，近代更成為以色列及阿拉伯地區衝突的前沿地帶。本書將介紹約旦地區的滄桑巨變，並一窺二十世紀初建立的約旦王國，如何在四代國王的帶領下，在混亂的中東情勢中求生存的傳奇經歷。

尼泊爾史——雪峰之側的古老王國

這個古老的國度雪峰林立，民風純樸，充滿神祕的色彩。她是佛陀的誕生地，驍勇善戰的廓爾喀士兵的故鄉。輝煌一時的尼泊爾，在內憂外患中沉默，直到2001年爆發的王宮滅門慘案，再度成為國際焦點，真是王儲為情殺人或是另有隱情？尼泊爾又該何去何從？

韓國史——悲劇的循環與宿命

位居東亞大陸與海洋的交接，注定了韓國命運的多舛，在中日兩國的股掌中輾轉，經歷戰亂的波及。然而國家的困窘，卻塑造了堅毅的民族性，愈挫愈勇，也為韓國打開另一扇新世紀之窗。

國別史叢書

匈牙利史——一個來自於亞洲的民族

北匈奴在竇憲的追擊下,是「逃亡不知所在」?抑或成為導致蠻族入侵歐洲的「匈人」?匈牙利人是否真的是匈奴人的後裔?這一連串的問題,本書將告訴您答案。

日本史——現代化的東方文明國家

她擁有優雅典美的傳統文化,也有著現代化國家的富強進步。日本從封建的舊式帝國邁向強權之路,任誰也無法阻擋她的發光發亮。她是如何辦到的?值得同樣身為島國民族的我們學習。